日本海沿いの町 直江津往還

文学と近代からみた頸城野

監修／NPO法人頸城野郷土資料室
編集／直江津プロジェクト

社会評論社

日本海沿いの町　直江津往還――文学と近代からみた頸城野――目次

監修者のことば

石塚正英

ＮＰＯ法人頸城野郷土資料室は、市民の市民による市民のための郷土文化・生活文化を調査研究し、その成果を地域社会発展に役立てる方向で構想され、平成二〇年二月に新潟県知事の認証をうけ法人登記をなし、同年四月一日に創立された。本法人を構成する事業部に以下のものがある。①野外調査部（くびき野木彫狛犬調査、くびき野ストーン調査、文学碑めぐり）、②学術研究部（協同研究「文学と近代から見た直江津」、ワークショップ「暮らしのインタビュー」、文化財「くびき野へリテージ」選定）、③教育事業部（ＮＰＯ学園くびき野カレッジ天地びと運営）。

ところで、上記②の前史として、くびき野ではすでに昭和二〇年代に上越郷土研究会が設立され学術誌『頸城文化』を刊行し、郷土研究者の業績を継続的に発表してきた。その意義は力説してしすぎることはない。本法人は、その足跡を前提にしている。なるほど『上越市史』をはじめとして、近年になってあらたに編集された市町村史誌のもつ学術的な意義はすでに充分に証明されている。しかし、郷土の研究者たちが長い年月を費やして積み上げてきたローカルな業績は、行政の支えと地方税の支弁でまとめられる市町村史誌のそれとは別の意義があるといえる。そのような意味からも、本ＮＰＯの活動には、以下の特徴がある。第一に地域住民の目線からみた郷土遺産・文化財に意味を持たせる。専門研究者が認定する学術的価値のほかに、地域住民が生活上で実感する生活文化的価値に重きをおく。かような活動を介してくびき野文化の特徴・個性を学び知る人は、郷土における就労や生活において明日からの目的意識が明確になる、そのような郷土人の育成、これが本NPOの活動目的である。

ところで、くびき野には、昔からたくさんの「よそ者」が入り込んできた。古代では白山信仰をもたらした越前の泰澄、妙高に熊野信仰をもたらしたかもしれない裸形上人、中世に向かっては浄土真宗を根付かせた親鸞、江戸期では、一六八九年七月にくびき野を訪問した松尾芭蕉。そのようなくびき野にあって、海岸部の直江津（＝湊町）はフローを特質としている。それに対して平野部の高田（＝城下町）はストックを特徴としている。フローはヒト・モノ・カネが絶えず流動しており、その勢いが繁栄の動力源である。ストックはヒト・モノ・カネが蓄積されており、その伝統が繁栄の土台である。

江戸時代、北前船は北海道・東北からニシンやイワシを搬送して直江津にいたり、陸揚げしたが、それはみな新田の干しか（魚粉）となって、田んぼの肥やしにされた。そのおかげでもって米はくびき地方の特産となったのである。直江津は進取の精神に満ち、北国街道を南下するに連れ、その地には直江津のヒンターランドが広がるのだった。その勢いは、明治時代になって直江津が鉄道の要衝となるや、いっそう増すのだった。それに対して高田藩は、開府時の七五万石から江戸中・末期には一五万石に縮小。家臣団も縮小し、武家屋敷には空き地が広がり、藩は気の毒なほど萎縮した。とはいえ、明治時代に軍都として再生するや、高田は近郷近在の農村部を巻き込んで発展し生活文化を豊かにし、やがて両市は、昭和四六年に合併して上越市となった。さらに平成一七年、上越市は近隣一三町村と合併して現在の上越市となったのである。

さて、時代を跳び越え、世界大での殺戮戦争の時代が過ぎて久しい二一世紀初の今日、直江津港は光を放っている。戦後、一九五一年に国の重要港湾に指定された直江津港は、一九六〇年に関川河口の分流工事が完成すると、六〇年代の後半には開港指定を受けて国際港となり、西、中央、東の各ふ頭が建設された。一九七〇年には大型の外国船が常時入港する特定港に指定され、ソ連から原木やマンガン鉱、オーストラリアからアルミナ、アメリカからりん鉱石、など工業用原材料が多く輸入され、高度経済成長を支える重要な港となったのである。さらに一九七三年、五万トン級の大型船が接岸できる港として、改修工事が進められ、これによって一段と国際港としての機能が高まった。

近年、高速交通網の整備も進み、関東・中部・北陸地方を背後圏域とすることで国内交流はもとより、日本海を挟んで東アジア諸国との交流がいっそう見込まれる。二〇一三年には、直江津港と韓国の釜山を結ぶ新たな航路が開設され、同年五月には第一便が直江津港に入港した。そのような交易の先に、直江津を軸に環日本海のハイブリッド文化圏が展開されよう。くびき野の湊、直江津港に繁栄あれ！

（NPO法人頸城野郷土資料室　理事長）

凡例

一、本書は、「序論」・「本論」・「余勢夜話」・「コラム」・「活動紹介」から構成されている。

二、「序論」では、本書の趣旨を述べた上で、本書のテーマである「日本海沿いの町」としての直江津について、その地域特性の概要を提示する。

三、「本論」（第一章〜第五章）では、ＮＰＯ法人頸城野郷土資料室併設学園「くびき野カレッジ天地びと」において直江津関連の講義を担当してきた当資料室の学術研究員たちが、各々の講義をきっかけに進めてきた研究の成果を報告する。なお、各論には多くの註が付いているが、本文だけを読んでも大意は十分理解できるようになっている。

四、「余勢夜話」は「本論」に付属するもので、ここでは「本論」執筆の過程で膨らんできた内容のうち、本書のテーマや紙幅の関係で「本論」には収められなかったものを、肩が凝らない話として紹介する。

五、「コラム」は「本論」とは独立したもので、ここでは当初から「本論」の方で主題とすることができなかった直江津に関するテーマを、幅広く、また自由な形式で取り上げる。そのため「コラム」については、当資料室会員以外の方々にも、執筆を依頼した。

六、「活動紹介」では、当資料室の活動の一つである「文学碑めぐり」のうち、これまで直江津で開催した「文学碑めぐり」の記録を紹介する。

上越市広域地図

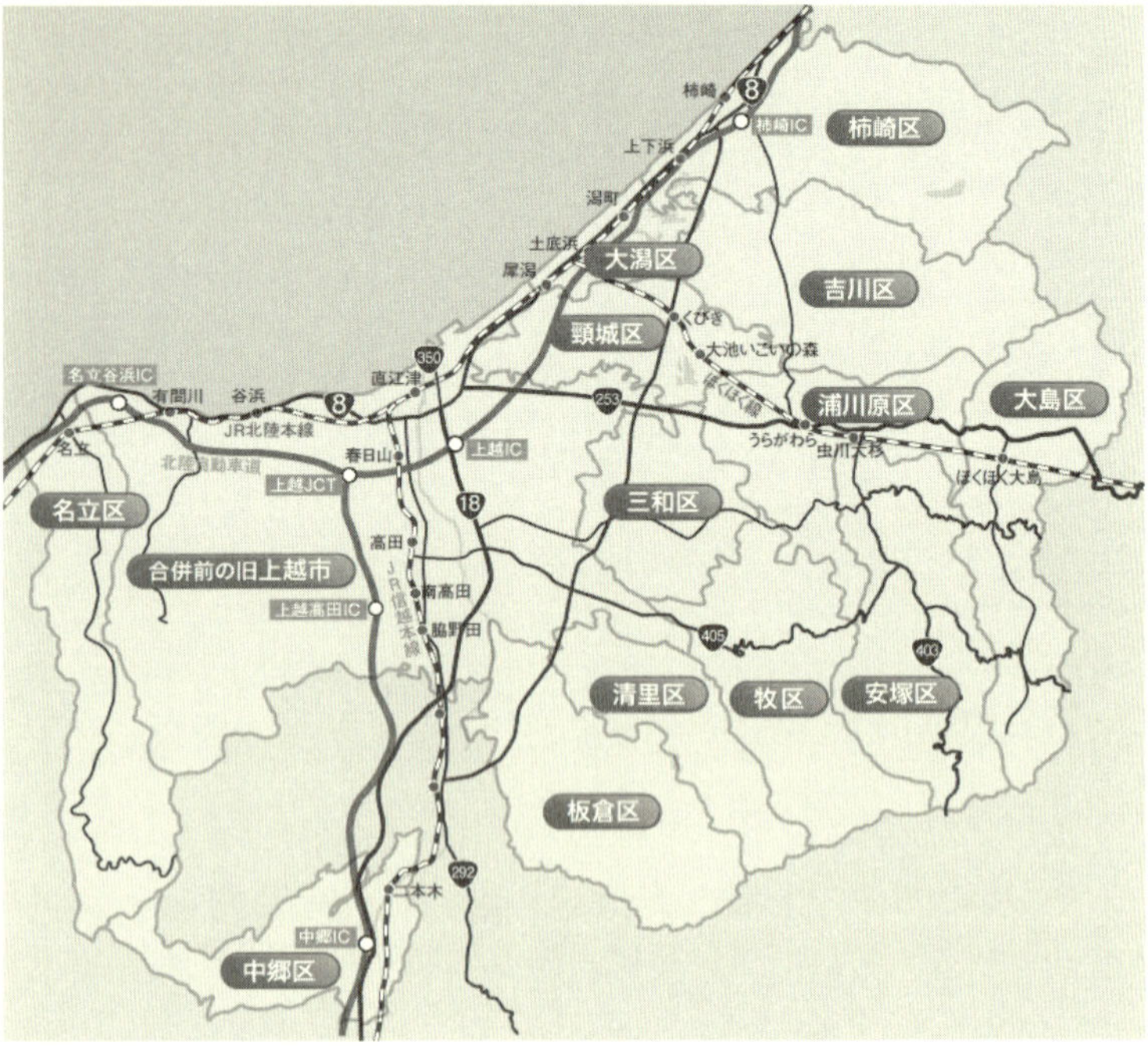

出典：上越市ホームページ「上越市の観光：マップから探す」
（http://www.city/joetsu.niigata.jp/site/kaneko/map-laneko.html）

直江津地区市街図

出典：国土交通省北陸地方整備局　高田河川国道事務所ホームページ
「道のこと：上越市自転車マップ」を加工。
(http://www.hrr.mlit.go.jp/takada/road/jyouetsusijitennsyamap/zentai-2-240928.pdf)
①～⑦は序論と各章の扉等で掲載した写真の所在地である。
(1)～(6)は「文学碑めぐり」で掲載した写真の所在地である。

序論

古賀治幸

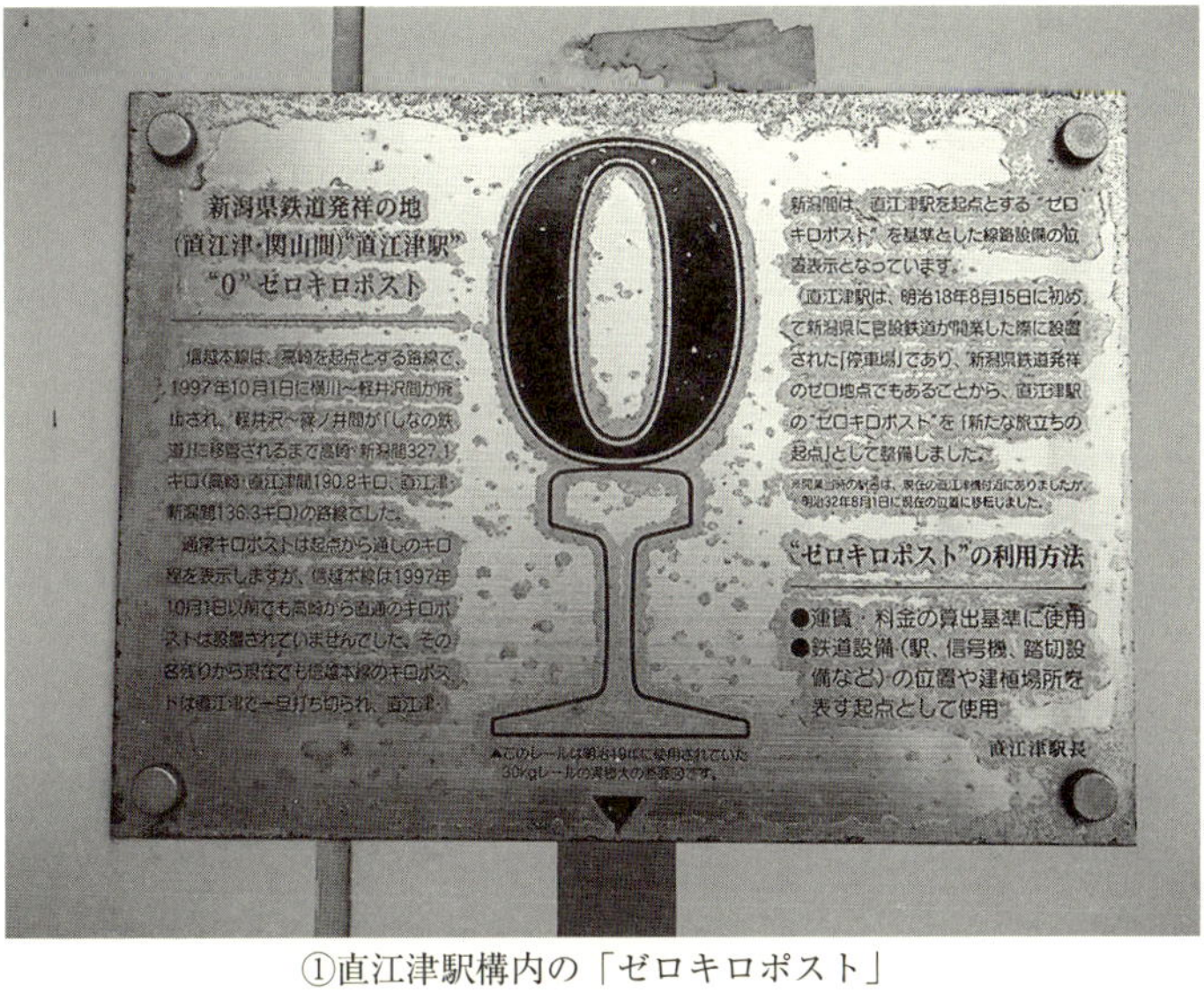

①直江津駅構内の「ゼロキロポスト」

一　本書の趣旨

本書は、日本海沿いの町のローカルな歴史を、地元に密着した郷土史とは異なる視点から捉えることにより、その町の魅力を再発見しようと試みたものである。

日本海沿いの町として本書で取り上げるのは、執筆者に共通のゆかりの地・直江津である。直江津は、日本海に面する町として海上交通の要所であったばかりでなく、北陸道をはじめとする陸上交通の要所でもあったので、歴史上、多くの人や物が行き交う、すなわち「往還」する町であった。こうした、いわば歴史の宝庫のような町では、地元の方々の郷土史意識が非常に高い。直江津においても、地元の郷土史研究家による成果の蓄積には、すでに相当なものがある。したがって、直江津の歴史を従来の成果に依拠して通史的に捉えようとすると、屋上屋を架すことになってしまう。そこで本書では、従来の成果を踏まえつつも、直江津を離れているからこそ感じる魅力や気が付く可能性を積極的に打ち出すこととした。そのため、各執筆者は自らの関心に沿って直江津の歴史を取り上げている。結果として、直江津の歴史を断片的に捉えることにはなったが、その分、それぞれの考察を掘り下げていくことが可能となった。

とはいえ、一冊の書物とするためには、共通の切り口が必要である。そこで、本論執筆者のテーマに共通のキーワードを検討した結果、浮き彫りになったのが「文学と近代」という切り口である。

全国的に知られている文学作品、あるいは全国各地の郷土史、あるいは歴史学的知見と照らし合わせて見えて来る直江津の歴史の諸側面に、光を当てていきたい。

二　日本海沿いの町の歴史的背景

日本海側の地方には独特の気候風土が見られる。冬季には、大陸からの北西の季節風が日本海で水分の供給を得て大量の雪を降らせ、東北、北陸地方は世界有数の豪雪地帯となっている。しかし、この積雪がもたらす豊富な水資源と、夏季に太平洋側の同緯度の地域よりも高い気温と長い日照時間が、豊かな米づくりの風土を生み出している。

日本海側の地方において、本州の日本海側に位置する山陰、北近畿、北陸、そして東北の山形、秋田、青森の西部は、かつて「裏日本」とよばれた地域である。「裏日本」の呼称は、古くからあるものではなく、近代になって用いられたとされるが、本州の日本海側の地域は近代以前には、太平洋側の地域よりも人や物の交流が活発であった時期がある。*1 古くは山陰の出雲が栄え、古代の奈良、平安時代には、大陸からの使節が渡来した港が北陸に置かれ、中世の鎌倉、室町時代に関わる『廻船式目』には、日本の十大港「三津・七湊」で日本海側の七湊の名が示された。

日本最古の海法とされる『廻船式目』は、末文に鎌倉時代の一二二三（貞応2）年に書かれたとあるが、実際には室町時代末期に成立したものとされる。[*2]そこで示された七湊は、三国湊（福井県坂井市、九頭竜川河口）、本吉湊（石川県白山市、手取川河口）、輪島湊（石川県輪島市、河原田川河口）、岩瀬湊（富山県富山市、神通川河口）、今町湊（新潟県上越市、関川河口）、土崎湊（秋田県秋田市、雄物川河口）、十三湊（青森県五所川原市、岩木川河口）であった。[*3]なお、三津とは、安濃津（三重県津市）、博多津（福岡県福岡市）、堺津（大阪府堺市）であり、湊の数からみて日本海側の活発な交易がうかがえる。

近世の江戸時代には、日本海側では北前船による活発な交易が行われていた。北前船とは、一六七二（寛文12）年に河村瑞賢が幕府の天領であった庄内地方の年貢米を、大坂経由で江戸まで運んだことに由来する「西廻り航路」の船である。その活動範囲は、北は北海道の蝦夷地から日本海側の各地の港を経由し、関門海峡を抜け、瀬戸内海を通って大坂に至るもので、北前船の航路は、当時の物資輸送の主要幹線であった。

特に、江戸時代には日本海側の地域においても新田開発が行われ、気候的にも米作りに恵まれた環境から、日本海側の港は米の積み出し港として発展していった。また、米のほか、蝦夷地の海産物や木材、紅花などの商品作物、織物など各地の産品が北前船によって大量に輸送されたことによって、北前船の寄港地の周辺には、廻船問屋や倉庫などが立ち並ぶ町が形成されていった。そして、日本海側の町の多くは、北前船の寄港地として栄え、それぞれの地域における交易の中心地となっていった。

先に示した、日本海側の七湊のうち、近代に貿易港として大きく発展したのは、福井港としての三国湊、伏木富山港としての岩瀬湊、秋田土崎港としての土崎湊、そして、直江津港としての今町湊である。これらの湊は、江戸時代には北前船の寄港地でもあった。

三　直江津の町の地域特性

〈地勢〉

直江津は、新潟県上越市の北部、日本海に面した関川河口に位置している。上越市、直江津を中心にコンパスで半径一〇〇〇㎞の円を描くと、その中には、北は北海道から南は九州まで日本列島の全域が入り、日本海を隔てた対岸では朝鮮半島からロシアの沿海州南部が含まれる。*4

現在の直江津の町における主要な町並みは、西北部の日本海に面する砂丘地帯より緩かに東南に傾斜して関川の西岸に至る地域に形成されている。荒海で知られる日本海は、冬季に大陸からの北西の季節風が吹き荒れ、海岸をけずり、浅い海底の砂を移動させ、海中に砂の山をつくり、砂や波しぶきを一〇㎞も内陸に吹き飛ばすほどである。直江津の砂丘もこの北西の季節風によって形成されたものである。

日本海に面した上越市立水族博物館のある地域の砂丘は二〇m以上の高さを有し、海岸からは崖のように見え、中心市街の自然的防波堤をなしている。海岸付近では、幅四〇m位の汀岸（なぎさきし）を前に砂崖をなし、東方に向かって次第に高さを減じ、関川の河口の付近で汀岸とほぼ一致する高さとなっている。したがって、町並みは、西北海岸地に高く、東および南に向かって自然の傾斜階段状をなしている。また、砂丘を越えた内側に入ると低地となり、現在の直江津駅付近は、関川の影響による沼沢性の土地の水田が埋立てられて形成された地域である。

〈歴史〉

直江津の町の発祥は、関川河口に自然に発達した交易集落が市（いち）をなし、その後、北陸道における「水門（みと）駅」発展の母体として、いわゆる港町が形成されていったとされる。八世紀には越後国の国府が置かれ、交通と共に商業の中心として栄え、平安中期には、各地で荘園が勃興し、それと共に水門駅が「直江荘」となり、鎌倉時代には、「直江の浦」または「直江の津」と称されるようになった。*5

鎌倉時代に置かれた越後守護職は、室町時代に上杉氏が守護職に就くと、その館が国府に置かれ、この地が行政や文化の中心として越後の首府的存在となった。そして、越後守護代の長尾為景が春日山に城を築き、その子、影虎が上杉謙信となって春日山城に居を構えるに及び、直江津の町は軍備・交通の要衝として発展していった。

また、いわゆる「港」とされる場所は、居多の東、善光寺浜から関川河口までが「直江の浦」または「奈呉（奈古）の浦」、「名子（名古）の浦」とよばれ、上杉謙信の春日山城時代には「府中浜」ともよばれた。さらに、「町」の名称も港を意味する「澗（間）」から「江間町」、「今町」と称され、「直江津今町」とよばれるようになったという。*6

上杉氏の後、春日山城主となった堀秀治と子の忠俊は、直江津の港の東、関川の対岸に新たに福島城を築き、その周囲に城下町を形成した。*7 その後、一六一四（慶長19）年、松平忠輝が高田に新たな城を築き移動すると、高田の城下町を形成するため、福島城下のほか、直江津の町並みや多くの寺社、問屋豪商にいたるまでが、高田に移転させられた。そして、直江津は高田藩の外港として、米の積み出しや物資の移入などの役割を担うことになった。

直江津今町には、海岸付近に古くから漁師や船乗りなどが住む町が形成され、近世の初期になると、関川の川岸近くにも廻船問屋や荷揚げ人足などが住む町が形成されていった。その後、高田の城下町や西から日本海沿いに今町に入る入り口付近と、町の中央部にかけて旅籠屋や米屋などの商人が住む町が形成され、それと前後して町の中央部から西部にかけて空き地となっていた所に、職人や奉公人、日雇などが多く住む町が形成されていった。

直江津今町の一〇か寺のうち六か寺は高田開府後の一六一五（元和元）年以降に創建されており、近世の直江津今町は、松平光長の時代におおよその姿ができたとされる。高田藩の下に置かれた直江津今町の役割は、当時、越後の国で一番人口の多い都市であった城下町の高田への消費物資の供給であった。日本全国から海路で運ばれてきた商品は今町の港に陸揚げされ、その一部は今町町人の消費のために残されたが、大半は川舟に積みかえられて関川をさかのぼり、稲田橋の南と北にあった上の荷揚場と下の荷揚場に運ばれた。

四　直江津の近代と直江津に関わった文学者たち

近代になると、直江津今町は、一八七八（明治11）年に町の名前を正式に直江津とした。明治になり廃藩置県で高田藩がなくなると、商業の発展を押さえられてきた直江津の商人は、自由に商売ができるようになった。その一方、藩がなくなり各地の関所が廃止されると、陸上交通が自由になり、直江津の港から船で運んでいた物産が陸路で東京方面などに運ばれるようになった。一八七二（明治5）年に、直江津を再びこの地方の陸上交通の中心にするため、有志により荒川橋が架けられ、一八七八（明治11）年には直江津商法会議所が設立された。

直江津の港としての近代の動向は、一八七三（明治6）年に、新潟県の半官半民の運漕会社が設立され、汽船新潟丸が新潟、寺泊、出雲崎、柏崎、直江津間で一か月に三回の定期航海を始めたことによる。その後、一八九二（明治25）年には、直江津と小木間の佐渡航路も開かれ、近世における物資の移動だけではなく人の移動も活発となった。

また、直江津が近代になって大きく発展するきっかけとなったのが、鉄道の敷設である。直江津における鉄道の敷設には、日本海側における港としての機能が大きく関わっていた。一八七二（明治5）年に日本最初の鉄道が開業し、その後、東京―大阪間の本線ルートが中山道経由に決定されると、その建設資材運搬線として日本海に面した直江津から長野を経由して上田で本線に接続する支線の建設が始まった。

一八八六（明治19）年、いわゆる信越線が直江津から関山まで開通すると、直江津には運送業をはじめ多くの会社が設立された。そして、信越線が高崎まで全通した一八九三（明治26）年には、直江津米穀取引所が設立される。また、開業当初は直江津橋の近くにあった直江津駅が、一八九八（明治31）年に現在の位置に移されると、駅前通りが新しい商店街として発達するようになった。さらに、当時の新潟県の石油ブームに着目したエドウィン・ダンは、一九〇〇（明治33）年、直江津にインターナショナル石油会社を設立した。同社は結局その七年後に撤退するが、工場は日本石油に譲渡され、大正期まで採油事業が続いた。その後、一九二〇年代後半以降になると、その跡地や周辺に信越化学や日本曹達、日本ステンレスなどの工場が建てられ、直江津の商業はこれらの工場の原料や製品をあつかう運送業・卸売業などを中心に発展した。農村部にもよろず屋とよばれる小売店ができて、酒・たばこから雑貨類まで販売するようになった。

一方、港と鉄道により交通の要所となった直江津には、多くの人が訪れるようになった。その中には、与謝野晶子や林芙美子などの文学者もいた。与謝野晶子は夫の鉄幹とともに一九二四（大正13）年八月、佐渡への旅の途中、赤倉温泉に宿泊した後、直江津駅前のいかや旅館に一泊した。晶子は、夕方、海岸まで散歩し「此処の濱で眺めた入日が美しかった。私に取って初めて北の海の渚に立ったのである」と、夕日の感動を随筆に書いている。また、林芙美子は一九二六（大正15）年九月に直江津を訪れた際、失意の下にあったが、駅前の三野屋で「継続団子」を買って食べ、生きる力を取り戻したことが『放浪記』で述べられている。このほか、良寛研究で知られる歌人の吉野秀夫も一九四一（昭和16）年に直江津を訪れ、「浅葱暖簾のかげに爪弾く晝の三味　ここは直江の津なる濱通り」と詠んでいる。

こうした来訪者とは逆に、直江津や高田から東京に向かった文学者には全国的に知名度の高い人物もおり、中でも小川未明は、有名な童話の『赤い蝋燭と人魚』で日本海を背景にその物語を書いている。なお、鉄道開通以前に直江津を歩いた近代の文学者には、森鷗外がいる。彼は一八八二（明治15）年に陸軍の徴兵副医官として高田を訪問し、高田を出た後は、直江津を通って次の宿泊地・柿崎まで歩いている。[*8] この出張旅行の日記（「北游日乗」）に書き留められた漢詩には、当時二十歳の鷗外が直江津で感じた三月上旬の日本海が表現されている。[*9] 周知のように、鷗外は一九一五（大正4）年、直江津をその舞台の一つとする『山椒大夫』を発表する。[*10]

五　直江津における「郷土史」活動と「直江津プロジェクト」

地域についての歴史を語るとき、地元の方の研究に依拠している場合が多い。地元の方は、地域に残された文書や地元で伝えられる伝承など、直接的な資料（史料）に触れることができ、地域におけるさまざまな環境やその特徴を、自らの生活の中で直接的に関わることで把握している。特に、地域における伝統や風習などは、地元で生活している人でなければわからないところがある。また、地元の方の郷土への関心の深さや郷土に対する愛着も、外から見ている人にはわからないものがある。ともかく、地元の方の研究には、資料や研究の蓄積があり、郷土に対する深い関心と愛着が感じられる。

現在、直江津では、外に向けて直江津の魅力を伝える活動が盛り上がり始めている。例えば、「直江津まち好きガイド 養成講座」が「三八朝市周辺まちづくり協議会」によって開催され、直江津を訪れた人たちに町の魅力を伝えるボランティアガイドの養成が行われている。そこでは、地元ならではの直江津の歴史が語られている。また、五智地区では、「五智歴史愛好会」の方々によって、『五智歴史散歩』（第二版）という観光ガイドブックが二〇一二（平成24）年九月に刊行されている。持ち歩きが容易なコンパクトな分量でありながら、分かりやすい地図と、五智の名所・旧跡や歴史についての充実した解説が収録されている。一方、地元の歴史を見直すことを通じて、直江津の中から自分たちの町を活性化しようとする活動も盛んになってきている。例えば、前述の「三八朝市周辺まちづくり協議会」は、その名の通り、明治時代に始まった定期市の「三八朝市《さんぱち》」（毎月三と八のつく日に開設される朝市）をまちづくり・活性化の中心に据え、周辺町内の歴史的資産を有効に活用して、活力と魅力溢れるまちづくりを行っている。また、「ライオン像の建物をまちづくりに活かす会」は、直江津に今も残る唯一の歴史的近代遺産であるライオン像の建物（旧直江津銀行）の「保存・再生・活用」のあり方を検討し、同様のまちづくりに寄与する活動を続けている。[*11] さらに近年は、各町内会史の充実ぶりも注目すべきものがある。本論でも、天王町や高崎新田の町内会史を活用させていただいた。以上見てきたような、直江津の魅力を外に向けて発信しようとする動きと、直江津を中から活性化しようとする動きとに共通するのは、直江津の豊かな歴史を前面に押し出してその意義を見直していこう、という方向性である。

一方、上越市高田に本拠を置くＮＰＯ法人頸城野郷土資料室では、その活動の一環として「くびき野カレッジ天地びと」を運営しており、そこにおいても、直江津に関連した講義がいくつか開講されている。本書は、その講義を担当した同資料室会員（学術研究員）が集まって結成した「直江津プロジェクト」により企画されたものである。頸城野郷土資料室ではすでに研究成果として『「裏日本」「文化ルネッサンス」』を刊行しているが、本書はそれに続く第二弾という位置づけである。また、本書では、頸城野郷土資料室の活動として行われた「文学碑めぐり」についても、直江津を中心とした部分についての報告を掲載している。さらに本書の特徴の一つはコラムである。これは、頸城野郷土資料室会員以外の方にも執筆を依頼した。しかも、直江津在住の方だけでなく、北海道在住の方にも書いていただいている。本書を通じて、直江津という町が、実は全国各地の郷土史とつながる可能性も感じていただければ、幸いである。

本論を執筆した「直江津プロジェクト」のメンバーは、現在、首都圏に在住しているが、カレッジでの報告のほか、執筆にあたっての調査や資料収集などでたびたび直江津を訪れている。それはまさしく、扉に掲載された鉄道のゼロキロポストに導かれ、原点を訪れたようなものである。

［註］

（1）頸城野郷土資料室編『「裏日本」文化ルネッサンス』（社会評論社、二〇一一）。
（2）住田正一『廻船式目の研究』（東洋堂、一九四二）。
（3）同書によれば、廻船式目は最初三一か条であったという。また、同書では、越前の三国港に伝わった廻船式目（天正伝来のものを明治時代に伝写）で三津七湊を示している。一七八頁。
（4）「直江津まち好きガイド養成講座」第三講座（二〇一二・八・四）における、（有）北越出版社長佐藤和夫氏の講義およびレジュメ「地域を知るI 私たちのまち直江津の歴史と文化」参照。
（5）白銀賢瑞『直江津町史』（直江津町役場、一九五四）二〇―二四頁。
（6）直江津の町の名称については、『上越市史（普及版）』（上越市、一九九一）三三三―三三四頁参照。
（7）『上越市史通史編 近世2』（上越市、二〇〇四）。以下、本節末までの記述は同書を参照した。
（8）「自紀材料」明治一五年二月―三月〔『鷗外全集』第三十五巻（岩波書店、一九七五）、一〇頁〕、「北游日乗」明治一五年三月八日〔同書、六四頁〕。
（9）この漢詩の現代語訳と解説については、安川里香子『森鷗外「北游日乗」の足跡と漢詩』（審美社、一九九九）、一二二―一二五頁を参照。
（10）『山椒大夫』の文学碑については、「上越タイムス」二〇一三年一月二〇日、一一面「鴎外「山椒大夫」の碑訪ねる」の記事参照。

（11）「旅情のまち 日本海・直江津まちあるきガイドマップ」（ライオン像の建物をまちづくりに活かす会）参照。なお、このガイドマップは直江津の歴史を含めたさまざまな情報が簡潔にまとめられており、本書の編集にあたっても大いに参考にさせていただいた。

第一章　直江津の近代
――交通の要所の復活――

古賀治幸

②中央２丁目「直江津町道路元標」

はじめに

「近代」という語は、一般には歴史における一つの時代をさすもので、日本史においては、古代、中世、近世に続く時代であり、後の現代へとつながる時代とされる。直江津における近代を考えるとき、どのような観点からそれ以前の時代との差異を考えることができるのであろうか。

『上越市史 通史編5近代』の序文「日本の近代における上越」では、「近代という時代からイメージすることは、封建制社会の後をうけて登場した新しい資本主義社会、そして産業化、合理化、民主化という明るい社会の姿を思い描く人が多いでしょう。」と記している。また、「凡例」においては、「本巻では原則として、一八七一（明治4）から一九四五（昭和20）の敗戦までの時代を扱った。」とある。[*1]

日本史における時代としての「近代」のはじまりについては、おもに幕末の開港から言及され、明治維新を一つの画期として捉えるのが一般的とされる。そのような時代の転換点の中で、直江津の町がどのように動いて行ったかを見ることもできるが、ここでは、明治維新後の新たな国内体制の形成に応じた直江津の町の変化についてとりあげてみたい。その一つの観点は、日本の「近代化」として行われた中央集権体制の整備の中で、一地方としての直江津の町が、中央の政策に対応してどのように変化していったかということに加え、中央の東京といかに関連、接続していったかということである。[*2]

近世の封建制社会がいわゆる地方分権的な性格の強かった社会と考えるならば、近代の中央集権体制は、地方に中央と同じような性格の社会を形成し、さまざまな方法で地方を取り込んでいったものと見ることができる。それは、地方の近代化ということでもあるが、そこには、中央との関係による展開のほか、地方的な特徴も見られた。

そして、直江津における特徴は、交通の要所としての復活であり、その代表的なものが近代の象徴である鉄道の敷設であった。その一方、陸上交通として古代、中世以来の街道が通り、近世には迂回されたものの江戸と結びついた街道が、近代に国道として整備され、その中に直江津が位置づけられていったことも重要である。

それに関連するものとして上越市の中央二丁目に位置する道路元標がある。この道路元標は、直江津町における道路の起点・終点・経由地を示すために設置された標識であるが、位置的には、東に荒川橋が、正面の北にかつての港が、後方の南に最初の直江津駅が位置している場所にある。本稿ではこれを軸に、主に交通の観点から中央と関連した近代の直江津町の状況を検討してみたい。

一　近代の直江津町の成立

直江津の歴史を語るとき、空間的、地理的範囲をどこまで対象とするかについては、歴史を語るその時々の時点での状況に左右される。現在の『上越市史』では、一九七一（昭和46）年に高田と直江津が合併して成立した旧上越市を対象に、各地域の歴史がそれぞれの時代において語られているが、一九七一年に刊行された『直江津の歴史』では、一九五四（昭和29）年に成立した直江津市がその対象範囲であり、一九五四年に刊行された『直江津町史』では、その記述範囲は一八八九（明治22）年に成立した直江津町を中心としたものであった。[*3] 市史や町史という性格上、当然のことではあるが、地域の歴史を語る際には、その行政的な枠組みが地域の地理的範囲を規定している。そして、現在につながる行政的な枠組みを整備していったのが、近代という時代であり、地名としての直江津が、名実ともに正式なものとして位置づけられたのが、明治期の町村制施行にともなう出来事であった。それはまた、近世の直江津今町からの転換でもあった。

（一）明治維新、廃藩置県後の直江津

近世の江戸時代、高田藩に属していた直江津今町は、関川河口[*4]の西岸の砂丘に形成された町で、その地名は、中世以来の「直江の津」の古町に対する新しい町としてつけられたとされる。高田藩

の下で、港に関する特権を与えられていたものの、かつての上杉時代や福島城時代の独自の活動は制限されていた。

江戸時代が終わり、元号が明治に代わる時代の転換期においても、直江津今町の政治的な状況には大きな変化はなかった。明治維新による大きな変化は、一八七一（明治４）年の廃藩置県によるもので、これにより直江津今町が属する行政的な枠組みは高田藩から高田県、そして柏崎県へと変わっていった。廃藩置県は、それまでの地方分権的な状況から新たに近代的な中央集権体制を形成するもので、すべての藩を廃止して三〇二県を設置し、その後、七二県に統廃合したものであった。直江津今町が属する柏崎県は、旧幕府領を管轄していたが、高田、清崎（糸魚川）、与板、椎谷の四県を統合し、頸城、魚沼、刈羽、三島、古志の五郡を管轄することになった。*5

高田藩から高田県に変わった際、一八七一年の戸籍法に基づき、居住地ごとの戸籍作成のため戸籍区が設置され、それに応じて高田県も大区を設置し、直江津今町は第七大区となった。その後、柏崎県への統合により、高田県の大区は番号を変えてそのまま引き継がれたが、一八七二（明治５）年に戸籍区が廃止され、管内が一一大区一二七小区に分けられ、直江津今町は第一〇大区二一小区になった。*6

一八七三（明治６）年に柏崎県が新潟県に統合されると、管内が一三大区に分割され、第一〇大区は第七大区に改められた。その後、新潟県は大区小区の区割を改正し、管内を二五大区二二九小区に分割すると、直江津今町は第八大区小一三区となった。新潟県では当初、大区に長は置かれず、小区に戸長が置かれたが、その後、小区に小区長が置かれ、その下の組に戸長が置かれ、一八七六（明治9）年には大区長が置かれ、小区長が副大区長になった。なお、第八大区の区長は高田の室孝次郎であり、小一三区の長である副大区長は直江津の福永弥平であった。[*7]

(二) 郡区町村編制法、直江津町の成立

一八七八（明治11）年七月、地方制度に関して、新たに郡区町村編制法、府県会規則、地方税規則の三法が公布された。中でも、郡区町村編制法の施行は、従来の大区と小区を廃止し、旧来の郡を行政区画として復活させ、郡の下に町村を位置づけるものであった。また、郡区町村編制法は、その第二条で「郡町村ノ区域名称ハ総テ旧ニ依ル」と規定しており、これにより、直江津は町の名前を公式なものとする必要に迫られた。[*8]

直江津の町の名称は、直江津今町または今町と呼ばれてきたが、その時々で分けて使われており、地元でも正式な町の名前を判断しかねていたという。そこで、新潟県に対して、町名を「直江津」とすることを申請したが、県は「今町」にせよとこれを却下した。しかし、一一月には「直江津」の名称が正当であることを主張し、地元の総意として再び申請を行った。そこでは、「直江津」は古来よりの名称であり「今町」は中古の俗称であること、廃藩置県の際には王政復古の趣旨に従い柏崎県に旧名の「直江津」の復活を願い出たこと、また、郵便や電報の配達も「今町」では誤った配達により不便が生じていたが「直江津」であればその問題がないことなどが示されていた。[*9] ただ

し、その文書の差出は「直江津今町」であった。結果として、一八七八年一二月に新潟県は「直江津」の名称を認可し、直江津が正式な町の名称となったのである。

また、郡区町村編制法は、第六条で「毎町村ニ戸長各一員ヲ置ク又数町村ニ一員ヲ置クコトヲ得」とし、官選である郡長・区長の下、戸長を民選とすることにより地方に一定の自治を認めていた。戸長は本籍が一〇年以上の戸主から選出され、任期は三年であった。翌一八七九（明治12）年には、新潟県で郡区町村編制法に基づく区画改正が行われ、かつての頸城郡は東・中・西の三つに分割され、直江津町は中頸城郡に属することになった。[*10] そして、一八八〇（明治13）年に区町村会法が発布され、区町村に公選議員からなる区町村会が設置され、公共に関する事件およびその経費の支出・徴収方法の議定権が付与された。これにより、地域運営に関わる意思決定は、戸長役場ごとに置かれた町村会などで行われるようになった。

しかし、一八八四（明治17）年には、従来の戸長役場が廃止され、五〇〇戸を目安とした連合戸長役場が設置され、戸長の選出も官選となった。直江津の連合戸長役場の区域は、新町、横町、寄町、九軒町、川端町、新川端町、下新町、出村町、片原町、中町、中嶋町、裏砂山町、本砂山町、坂井町、新坂井町の一五か町で、役場は新町に置かれ、戸長には、大区小区制から戸長を務めていた石井弥九郎が任命された。[*11] その後、一八八六（明治19）年六月に、直江津における一五か町が合併し、「直江津町」という単一の行政区画となったのである。

そして、一八八八（明治21）年四月には、それまでの郡区町村編制法に代わるものとして、市町村制の法律が公布され、一八八九（明治22）年四月から町村制が実施されることになった。その際、新潟県は、従来の直江津町の区域を一大字とし、これに隣接する至徳寺、砂山、安国寺、八幡、塩屋新田、轟木、春日新田の古城、高崎新田と合併するよう諮問してきたが、直江津町は、合併を了承しつつも、合併後の新町名を「直江津町」とするように答申した。[*12] その結果、一五町による一大字の直江津町と至徳寺などの八大字が合併して、近代における行政単位としての「直江津町」が正式に形成されたのである。この直江津町の初代町長は、先の石井弥九郎であった。

なお、町村制の実施は、町村に独立の法人格を認め、公共事務や委任事務の処理、条例・規則の制定権を付与したもので、町村会は、公民の公選名誉職議員で構成され、町村に関する一切の事件や委任された事件を議決するものとされた。また、町村を管轄する郡については一八九〇（明治23）年に地方自治体として、郡会が町村会選出議員と高額納税者互選議員で構成されたが、郡長は官選であり、直江津町が属する中頸城郡の郡役所は高田に設置されていた。

二　道路と橋——陸上交通の整備（回復）

明治維新後の中央集権体制の形成において、人や物資の移動を促進するため、道路交通網の整備がはかられていくが、中央である東京、かつての江戸と各地方を結ぶ主要な街道はすでに整えられていた。近世の江戸時代の街道には、多くの宿駅が置かれ、一里塚や橋、渡船場、関所などの施設が設置され、人や物資の往来も活発であったが、基本的には人馬が使用する道路であり、近代における長距離大量輸送に対応できる道路状況ではなかった。また、幕府が設置した関所のほか、各藩が領民の出入りや物資の流通統制のために設置した番所（口留番所）もあり、自由な往来はある程度制限されていた。

明治維新と近代化の過程において、幕府の関所は一八六九（明治2）年正月に廃止され、各藩の番所も一八七一（明治4）年の廃藩置県により廃止され、自由な往来が可能となった。また、それにあわせて道路網も整備されていくが、直江津今町にとって道路とつながる橋の建設は近代への転換の一つの象徴であった。

（一）街道と橋

近世の江戸時代、江戸に通じる五街道として東海道、中山道、日光街道、奥州街道、甲州街道が整備されていたが、江戸から日本海側に抜ける道として、中山道から分かれた北国街道があった。北国街道は、中山道の信濃追分から、小諸、上田、善光寺、柏原、野尻を経て信濃と越後の境の関川関所を通って、関川・上原、田切・二俣、関山、松崎・二本木、新井を経て高田へと至った。[*13] この高田の伊勢町口番所（南本町1）までを信州街道、善光寺道とも呼んでいた。

そして、北国街道は、高田の稲田口番所（東本町5）から関川にかかる荒川橋（稲田橋）を通って、関川沿いを下り、春日新田から黒井を経て、日本海沿いを北上し、奥州道とも呼ばれていた。北国街道の奥州道は、黒井から潟町、柿崎、鉢崎、鉢崎関所、鯨波、柏崎、宮川、椎谷、石地と日本海沿いを北上して佐渡への渡航地である出雲崎まで通じていたが、この道は、古代からの北陸道の一部であった。

その北陸道は、高田の陀羅尼口番所（北本町3）から中屋敷・大豆（春日山）を経て、長浜から日本海沿いを、有間川、名立小泊・大町、能生、梶屋敷、糸魚川、青海、歌・外波、市振と西に進み、市振関所を経て、越中さらに加賀へ通じており、加賀街道とも呼ばれていた。

このような状況は、高田に城が造られ、日本海沿いを通る北陸道が直江津を経由せず、高田を経由するようになったからであり、そのためにとられた措置が関川河口付近にあった応化の橋の撤去であった。

応化の橋は、『直江津町史』によると、「往下、応解、逢岐、逢妓、大笥、王源等と書かれており、往還の橋という意味である」とされ、橋の位置については時代によってさまざまであるが、一五四九（天文18）年に上杉謙信が府中大橋の制を立て、通行税を定め僧侶、無職人、盲人、乞食の徒に橋銭を免除し、道橋奉行に命じて領内の道路橋梁の補修に当らしめたという。[*14] また、『上越市史（普及版）』によれば、一五九七（慶長2）年に上杉景勝が作成した『越後国絵図』にも応化の橋が描かれており、現在の東雲町から下門前地内にかけて架かっていたであろうと述べている。[*15] そして、この応化の橋に至る道が、中世には越後府中の中心街路である「大ノ手道」であったという。さらに、一五九八（慶長3）年に堀秀治が入封し、子の忠俊の代の一六〇七（慶長12）年に関川河口付近の右岸に福島城が築かれ、橋も河口付近に架け替えられたが、この往下橋（応化橋）は、福島城の大手門にかけての橋で対岸の今町とつながっていた。

しかし、一六一四（慶長19）年に松平忠輝により高田城が築城され、大規模な城下町の建設が行われると、福島城下にあった町と対岸の町の一部が高田に移され、関川にかかっていた往下橋も取り外された。この橋の撤去は、従来の北陸道を寸断し、加賀街道と北国街道の奥州道として高田に引き入れることで、高田を中心に物資の流通を統制し、城下町である高田の発展をはかるための措置であった。[*16] その結果、近世の直江津今町は、高田藩の外港として、また、北前船の寄港地として海上交通の拠点としての機能は有していたが、街道を通じた陸上交通の要所としての機能は失われていった。

(二) 直江津における橋の建設

橋が撤去されたことで直江津今町の人々は渡し舟により対岸に渡ることになったが、そこには、上の渡しと下の渡しがあった。上の渡しは、福島城の大手門にかけての橋が一般の通行を禁じていたためすでに利用されており、下の渡しも、上の渡しが行われる以前から黒井へ至る道につながるものとして行われていた。江戸時代を通じて上の渡し船の実権は対岸の春日新田が握るようになり、下の渡し船は今町が実権を握っていた。

関川に架かる橋の設置については、『直江津町史』によれば、一八五五（安政2）年に上野田（津有村）庄屋勘兵衛が橋の復興を奉行所へ出願したという。その理由は、幕末における海岸警備の必要からと、物資集積地の直江津今町で火災などが起こった際に救援するためであったが、役所が頸城の各村に意見を求めたところ、費用の負担から反対され、また、地域の複雑な利害関係もあって計画は流れたという。[*17]

時代が明治になると橋の建設は具体化した。一八七〇（明治3）年に直江津今町の住民は、「名古の継橋」の名において橋の建設を高田藩に出願したが認められなかった。その後、一八七二（明治5）年には、橋の位置を春日新田と協定の上で住吉神社前から川原町に架かる位置に変更し、柏崎県から架橋の許可を得て、荒川橋が建設された。この橋の建設には、福永弥平など五六名の有志が資金を拠出し、柏崎県へも資金の借り入れを願い出ていた。そのため、荒川橋は資金の回収のため橋銭を徴集する「銭取橋」となった。[*18]このときの状況を記した福永家文書『明治五年申六月吉日掛橋日記』によれば、橋の位置について今町側が新町通り川岸としていたことに対し、春日新田側がこれを迷惑とし、六月から七月にかけて協議が行われ、八月に双方の代表が立会い架橋場所を見分した上で着工したという。今町側が主張する新町通り川岸は、下流の下の渡しに近く、そこに橋ができれば上の渡しを担っていた春日新田が不利益を被ることから協議が行われ、今町の新町通りと春日新田の中間に位置する住吉神社前で決着し、一一月に竣工した。[*19]このことは、北国街道の奥州道に位置する春日新田が、関川の架橋により北国街道の奥州道が直江津今町に接続することによって、自らの優位性が低下することを危惧したものと見ることができる。

　また、『わが町　天王町の歩み』では「第四章　近代の夜明け」の「第一節　抑圧からの解放」で最初に「荒川に橋が架かった」としてこの出来事を描いている。そこでは「直江津今町にとっての封建時代の象徴は、荒川への架橋制限である。」とし、また、『直江津町史』口絵の「北陸御巡幸錦絵」を取り上げ、一八七八（明治11）年に明治天皇御一行が北陸巡幸で荒川橋を渡る場面を生き生きと紹介している。[*20] そして、この荒川橋が設置されたことにより、直江津今町は、高田から春日新田を経て黒井に至る北国街道の奥州道と接続することになったのである。

（三）近代道路網の整備と直江津

　江戸時代の街道は、基本的には人の歩行を中心に整備されたもので、馬車など車輌の通行に道路状況が対応できず、幕末の開港以降、西洋から普及した馬車による物資輸送の拡大で街道の道路も荒廃していった。
　明治政府は、一八六九（明治2）年に街道の関所を廃止し、一八七〇（明治3）年には街道の宿駅に民間の旅客・貨物の輸送にあたる組織を設置する方針を決定して、翌一八七一（明治4）年に陸運会社規則案を作成した。それを受け、全国各地で陸運会社が設立されたが、営業の認可は自立的な営業権の付与と異なり、政府専掌事業の一時的請負であった。[*21]
　直江津では、一八七二（明治5）年に陸運会社の設立が柏崎県に出されたが、その際、直江津の特殊事情である川船運送との関係が諮問され、川船会社と合同することで直江津陸運会社の設立が許可された。当時、柏崎県管内の陸運会社は相互に連盟して統一的運営を計画していたが、直江津は海陸両様の運輸関係があり、他の陸運会社と同列には規定できないとして県に申し出た。その後、一八七三（明治6）年に新潟県は管内の陸運会社の統合をはかり北陸道陸運元会社を設立したが、直江津陸運会社は郷津に分社を設けて直江津の取り扱いとすることを条件に参加した。しかし、一八七五（明治8）年に各地の陸運会社が解散させられ、官営として創設された内国通運会社に統合されていくが、その際、直江津には内国通運会社の分社が置かれ、物資の取り扱いを担うことになった。*22

一方、道路の状況では、一八七一（明治4）年の太政官布告において「治水修路等ノ便利ヲ興ス者ニ税金取立ヲ許ス」とされ、個人や会社組織で道路、橋梁などの築造・運営を実施した場合、財源として税金（料金のこと）をとることが認められた。*23 これにより、私費による道路改修や開削が各地で行われ、先に示した荒川橋も「銭取橋」として作られたものであった。

また、一八七三（明治6）年の「河港道路修築規則」の布達では、道路の等級を一等、二等、三等と決め、幹線道路にあたる一等道路とこれに次ぐ二等道路については、建設や修復の費用の六割を国が負担し、残りの四割を地元が負担して地方庁が工事を実施するとした。そして、三等道路は地方庁が工事を行うが、費用はおおむね地方民が負担することとした。*24 これを受け新潟県は県内の道路を幹線と支線に分け、幹線を一等と二等に区分した。頸城地方における一等の道路は、北陸道の新潟から市振の往来、北陸道の新潟から信濃の往来、加賀街道の往来の三つであった。北陸道の新潟—市振の往来は、弥彦、寺泊、青海川、柿崎、黒井、直江津、名立、能生、糸魚川を経由するものであり、北陸道の新潟—信濃の往来は、直江津から分岐して、木田、高田、新井、関山を経て、関川に達するものであった。加賀街道の往来は、新潟—信濃の往来を高田から分岐し、春日村中屋敷を経て五智岩戸で新潟—市振の往来に合流するものであった。[*25] これらは、江戸時代の北国街道とその奥州道および加賀街道であるが、最大の違いは北陸道の分岐として直江津が位置づけられたことである。それは、直江津が陸上交通の要所として復活したことでもあり、そこには荒川橋の建設により、道路としての北陸道が接続されたことが大きな意味をもっていたと見ることができる。

そして、一八七六（明治９）年には太政官達の「道路ノ等級ヲ廃シ国道県道里道ヲ定ム」により、道路の種類、等級と認定基準およびその幅員が規定され、道路は国道、県道、里道の三種に区分され、さらにそれぞれが一等、二等、三等に区分された。[*26] 新潟県は一八七九（明治12）年に「仮定国道県道等級」を定め、以前の北陸道の信濃往来を国道一等とし、国道一等線高田直江津間の藤巻から中屋敷を通り長浜から北陸道の市振に至る線を国道三等とした。また、直江津から長浜に至る路線は県道一等とされた。[*27] これは、国道一等の規定が、「東京ヨリ各開港場ニ達スルモノ」とされたため、新潟と東京を結ぶ路線として北陸道が直江津で分岐されたためであるが、街道としては江戸時代から北国街道が三国峠を越える三国街道よりも重視され、整備されていたからである。

さらに一八八五（明治18）年の太政官布達では、国道の級別を廃止し、国道は内務卿が告示することとなり、内務省告示で四四路線の「国道表」が規定された。[*28] 新潟県における国道は、東京から埼玉県、群馬県、長野県の野尻を経て関川から新潟県に入り、高田、直江津を経由して日本海沿いを新潟に至る路線が「国道五号」となり、「国道五号」の高田から中屋敷・大豆を経て長浜から日本海沿いを富山県に至る路線が「国道二一号甲」となった。また、「国道五号」の群馬県高崎から渋川を経て清水で新潟県に入り、長岡を経て新潟に至る路線は「国道八号」となった。そして、一九一九（大正8）年に制定された旧道路法では、先の「国道五号」の高崎―長野から飯山を経て長岡に抜け、新潟から秋田に至る路線が「国道一〇号」となり、長野から高田、直江津を経て日本海沿いを石川県に至る路線が「国道一一号」となって、直江津から日本海沿いを新潟に至る路線は県道となった。その後、戦後の一九五二年に高崎から長野を経て直江津に至る路線が「国道一八号」となり、新潟から直江津を経て富山、金沢、福井、米原から京都に至る路線が「国道八号」となった。

また、旧道路法の制定にあわせて規定された旧道路法施行令により、道路の起点・終点・経由地を示すために道路元標が各市町村に一個ずつ設置された。直江津町では新町（中央2）に設置されたが、道路元標自体は一八七三（明治6）年の太政官達で諸街道の里程調査や元標と里程標柱の書式が規定されたことからはじまるものである。[*29] それはまさに、直江津で荒川橋が建設され、幹線である一等道路の北陸道の分起点として位置づけられたときでもあった。

三　鉄道と港湾――近代の町の整備

一般に「近代化」の象徴としてあげられる鉄道の建設は、さまざまな観点から捉えることができるが、明治維新後の日本にとって鉄道の建設は、近代国家としての中央集権体制を整備するうえで必要不可欠なものであった。それは、中央と地方を結ぶ手段として、直接的に西洋の技術を導入して進められていくが、当初は資金や路線の問題から限定的なものであった。

また、交通の面からみると、近代以前の日本の陸上交通は人馬を基本とした体系であり、長距離大量輸送は廻船などの海上交通によって担われていたが、欧米諸国ではすでに鉄道が陸上交通の中心的な手段となっていた。海上交通では幕末の開港以来、蒸気船が徐々に普及していたが、陸上交通ではそれに対応するものとして、馬車などの輸送手段から鉄道への転換が求められていた。しかし、陸上交通の道路は、古代、中世から近世に街道として整備され、部分的な変更はあっても基本的にはほぼ同じ路線をとってきたのに対して、鉄道は、急傾斜に弱く、また急な回転もできないことから、地形の険しい日本では路線の選定が経済的にも技術的にも重要な意味をもっていた。

(一) 中央における鉄道の建設

明治政府は、一八六九（明治２）年に東京と京都を結ぶ幹線と、東京―横浜間、京都―神戸間、琵琶湖畔から敦賀までの三支線の計四路線の鉄道建設計画を決定した。国土交通省ホームページの「日本鉄道史」によれば、「新政府は、政治制度の全国的統一、軍事力の強化及び近代諸産業の育成等いわゆる富国強兵、殖産興業政策を推進するため、その媒介となる近代的輸送機構の確立を急務とし、この意味で鉄道は陸運における重要な輸送手段としての役割を担わされたのであったが、その建設に当たっては資金の調達及び技術の導入等解決すべき問題が山積していた。このため、イギリスに資金及び資材の調達並びに技術者の雇用等を一任することで鉄道建設に着手せざるを得ない状態であったが、計画の主体性はあくまで日本政府の手にとどめていたことは特に注目される。[*30]」と述べている。

また、鉄道建設計画決定の際、日本における鉄道の軌道として軌間一〇六七㎜の狭軌が採用されることになった。これは、日本のような山も川も多く屈曲も多い地形では狭軌が適当とされたからであり、また、一四三五㎜の標準軌やそれ以上に広い広軌よりも建設費用が少ないことも理由であった。[*31]

建設工事は、イギリスからの技術者と資材の到着を待って一八七〇（明治3）年から開始され、京浜間と阪神間の両端の区間が着工された。しかし、政府内での反対論のほか、沿線住民や当時の陸上交通の主力であった馬子及び車曳きの妨害などもあり、ようやく一八七二（明治5）年に新橋―横浜間の鉄道が開通した。また、この開通に合わせて、運送条件及び鉄道敷地内の秩序保持のための規則等鉄道営業に関する基本法規として、鉄道略則と鉄道犯罪罰例が制定された。[*32]

その後、一八七四（明治７）年に大阪―神戸間が開通し、一八七七（明治10）年には京都まで開通した。そして、一八八〇（明治13）年に京都から大津までが開業したが、これ以降、鉄道の建設は一時停滞する。それは、幹線である東京―京都間の路線が、東海道か中山道かで決定していなかったためであった。このような中央による路線の決定は、鉄道が通る地域だけでなく、その路線に関係する地方にもさまざまな影響を及ぼすことになる。

一八八一（明治14）年には上野―青森間の鉄道敷設を目的として、旧大名華族を主体に政府が支援する民営の日本鉄道会社が設立され、一八八二（明治15）年に上野―高崎間が着工した。そして、一八八三（明治16）年には東京―京都間の路線が中山道に決定した。その理由は、東海道が箱根の険をはじめ、富士川、大井川、天竜川などの河川が多く、橋梁の建設が必要である一方、すでに街道や沿岸の廻船航路が整備されていたため鉄道の必要性が疑問視されたこと、また、海防上の見地から沿岸部が避けられたことなどがあげられる。それに対し中山道は、内陸部でありながら山岳部や河川にしても東海道よりは工事が容易であり、幹線から分枝して敦賀と名古屋に支線を敷設すれば日本海側と太平洋側をつなぐこともできるとされた。[*33]

日本海側の敦賀への路線は、一八八〇（明治13）年に長浜―金ヶ崎（後の敦賀港駅）間が着工し、一八八四（明治17）年に開通したが、同年には日本鉄道会社の上野―高崎間が開通しており、東京―京都間の路線が中山道に決定されたことに伴い、高崎から先の工事が始まった。[*34]そして、資材運搬線として日本海に面にした直江津から長野を経由して本線に接続する支線が、官営鉄道直江津線として着工されることになったのである。

(二) 直江津における鉄道の建設

直江津における鉄道の建設は、一八八四(明治17)年に室孝次郎が地元の有力者を募り、信越鉄道株式会社設立と直江津―軽井沢間の鉄道敷設を政府に申請したことにはじまるが、中山道路線の決定により難所である碓氷峠越えの工事のため、直江津―上田間の資材運搬線が官営で建設されることになり、室孝次郎の私鉄案は却下されたという。[*35]

そして、一八八五(明治18)年に工部省鉄道局の技手が直江津から測量を開始し、直江津に鉄道局の出張所が設置され、関川河口付近の建設資材陸揚げ地点から直江津駅までの土木工事が着手された。このときの直江津駅は、後の直江津橋の南側、関川沿いの場所に作られた開業当初の直江津駅である。横浜から三菱汽船の熊本丸が機関車一両のほかレール、土運車、石炭などを積み入港し、建設工事が本格化すると、引き続き建設資材を満載した船が入港した。[*36] 土台木といわれた枕木などは硬質材の多い北海道から海送され、レールはドイツとイギリスから船で運ばれた。[*37] 関川西岸に資材の荷揚げ用で敷設された岸壁では、二〇〇〇トン近い熊本丸などの船舶の接岸は不可能であり、荷揚は沖合いに停泊した船舶から大量の艀を動員して行われた。[*38]

創設当初、直江津線と仮称された信越線は、民営日本鉄道会社の高崎線と接合するものとして敷設され、一八八五(明治18)年一一月に直江津―高田―新井間が開通した。その後、一八八六(明治19）年八月一五日には関山まで開通して、直江津、高田、新井、関山の各駅が開業した。これが、新潟県において初めて開業した鉄道である。当初、直江津橋の南側に位置していた直江津駅から線路は、現在の労災病院の西側にある直線道路の場所に敷設されており、三交（新光町３）付近で北陸道（現上越大通り）と交差していた。

中山道各区間の工事が進展する中、一八八六年には碓氷峠の工事など困難な状況が判明し、中山道と東海道の建設条件の比較検討が行われ、直江津駅が開業する直前の七月に東京―京都間の路線が中山道から東海道に変更された。[*39]しかし、中山道関連の路線の建設は放棄されたわけではなく、関山―長野―軽井沢間の建設は継続され、一八八八（明治21）年一二月には長野を経て軽井沢までが開通した。[*40]そして、軽井沢―横川間の碓氷峠は当初、鉄道馬車にて連絡し、横川から東京上野までの路線と接続した。碓氷峠は一八九三（明治26）年に急勾配を上るアプト式鉄道が採用され、軽井沢―横川間が開業して、直江津―東京上野間が鉄道で結ばれることになったのである。

この信越線（信越本線）の早期の開通について、『上越市史（普及版）』では次ぎのようにまとめている。「①地元の新潟・長野県民の鉄道敷設への熱意である。そして、その運動の先頭に立ったのが室孝次郎で、ともに努力した同志に渡部健蔵、大井茂作、中川源造、矢沢綱四郎、寺崎至らがいる。②政府は早くから、東京―京都―大阪間の幹線鉄道を中山道線とする計画を持っていた。③中山道線敷設工事に必要な建設資材の輸送に、直江津港を利用する計画があった。④日本の近代化とともに、人口の急増する東京などの大都市へ、新潟の安い米や石油を大量に輸送する必要があった。

⑤明治一六年に起こった高田事件の不当な処置に対する代償交渉も有利に影響した。[*41]」

一八九二（明治25）年には「鉄道施設法」が公布され、第二条の予定鉄道路線で直江津に関するものとして、北陸線と北越線（後の信越線）が示された。[*42] 北陸線は「福井県下敦賀より石川県下金沢を経て富山に至る鉄道及び本線より分岐して石川県下七尾に至る鉄道」とされ、北陸線及び北越線の連絡線として「富山県下富山より新潟県下直江津に至る鉄道」が示された。また、北越線は「新潟県下直江津又は群馬県下前橋若しくは長野県下豊野より新潟県下新潟及び新発田に至る鉄道」とされた。この時点での北越線は、直江津—新潟間（信越線）、豊野—新潟間（飯山線）、前橋—新潟間（上越線）の三つの路線を示していたが、一八九三（明治26）年に新潟県議会が北越鉄道速成の建議を可決し、一八九四（明治27）年には直江津—新潟間の施設を目指す民営の北越鉄道株式会社の創立が図られた。[*43]

そして、一八九六（明治29）年には北越鉄道株式会社により直江津—新潟間が着工され、一八九七（明治30）年五月には関川対岸の春日新田仮停車場から鉢崎（米山）まで開通し、一八九八（明治31）年一一月に新潟の沼垂まで開通した。その後、北越鉄道は、一九〇六（明治39）年の鉄道国有化法による幹線鉄道の国有化に伴い、一九〇七（明治40）年に国有化され、信越線に編入された。

また、関川河岸にあった直江津駅は、一八九八（明治31）年に現在の位置に移転した。これは、前年に北越鉄道が開通し、直江津駅との接続がはかられたため、関川の河岸よりも内陸に移動したものとされる。翌一八九九（明治32）年には、荒川鉄橋の開通で現在の直江津駅と結ばれ、一方では銭取橋として、直江津橋が架設された。

一方、北陸線は、北越線との連絡線である富山—直江津間が、一九一一（明治44）年に国営として直江津を起点に着工され、同年に名立まで、翌年には糸魚川から青海まで開通した。親知らずの難工事を経て、一九一三（大正2）年に富山まで開通し、すでに開通していた富山—米原間と接続して京都、大阪に連絡した。*44

(三) 直江津における港と鉄道の接続

明治初期、直江津の港は、関川の河口部が、幅九〇m、深さ約一五〇〜一八〇cmと浅く、大型の船が入れなかったため、磯際約一〜五kmの沖合いに碇泊場が設けられていた。一八七二（明治5）年には、風波のため港口の深さが変化し、船の出入りが困難なため新たな川を掘り、船付場を築造したいとの意見書が出され、その後も海岸の波除の工事や港の改修工事の願書が出されていた。しかし、近代的な港としての改修には至らなかった。

海運では、一八七三（明治6）年に新潟県で半官半民の運漕会社が設立され、直江津に「運漕会所」が設立された。その際に直江津は、明治なって船荷揚げが許可された柿崎や梶屋敷などを除くことを条件にしていた。そして、汽船新潟丸により新潟、寺泊、出雲崎、柏崎、直江津間で一か月に三回の定期航路が開かれたが、新潟丸は貨物運送だけでなく、旅客も取り扱っていた。直江津から一日五〜六時間ずつの航海で二日目に新潟に着航したという。*45 しかし、新潟丸の運行は一八七七（明治10）年に廃止された。

次いで、一八八〇（明治13）年に新潟港が、新潟、寺泊、出雲崎、柏崎、潟町、直江津間に定期航路の蒸気船会社を起こし、北陸通航会社と称したが、一八八四（明治17）年に敦賀―新潟間の沿岸定期航路が開かれると、北陸通航会社は廃止された。また、越佐航路は、一八八二（明治15）年頃に直江津と沢根の間で汽船高田丸による定期航路が開かれたが、やがて廃止された。その後、一八九二（明治25）年に直江津と小木の間で定期航路が開かれ、汽船御代嶋丸が一日おきで就航した。[*46]

直江津を経由する日本海の定期航路は、先に示した鉄道の開設により、自然廃航や貨物中心の不定期航になっていった。しかし、鉄道の拠点である直江津は、港が鉄道と結びつくことで海上輸送と陸上輸送の結節点として機能していく。『上越市史 近代』では、明治二〇年代の直江津港について、一八九三（明治26）年作成の「直江津港形勢一斑」を紹介し、「まず、冒頭で、直江津港は『上越の中心』にして、北海道から九州までの日本海の要港を結び、長野・群馬両県を経て、東京・横浜につながる『北門の鎖鑰の地』であるという自負をのぞかせている。[*47]」と述べている。

その後、明治後半から大正、昭和にかけて、港も整備され、大正初期には、関川河口左岸に一〇〇m以上の突堤が築かれ、一九二三（大正12）年には東西突堤が完成し、二〇〇〇～三〇〇〇トン級貨物が沖合い約一・六㎞前後まで近接することができた。なお、当時の直江津の港は、関川河口だけでなく、直江津町の北方海岸関川河口より西海岸一帯の沖合いの海面をも含んでいた。その海岸の沖合いから艀によって荷揚した場所が海岸浜荷揚地であり、町長の管理の下、何人も自由に使用が可能であった。また、倉庫や直江津駅につながる浜線の貨物取扱所はこの近くに設けられ荷揚後の荷別の便に供していた。[*48]

港から直江津駅までの鉄道は、鉄道敷設の当初から建設資材の運搬のため敷かれていたと思われるが、鉄道の開通により内陸部への物資輸送の拠点として直江津港の貨物取扱量が増加したことで、一九〇〇（明治33）年に浜線が正式に敷設された。鉄道と関連して浜線は特に、直江津、長野、軽井沢の各機関庫への配給炭積込を主目的としていた。直江津駅構内の側線のうち浜線は一・四五㎞で、駅構内より関川に沿って河口に至る延長線路の末端に貨物取扱所を設け一般貨物をも取り扱った。直江津駅の各運送店、倉庫は概ね関川河口に散在していたため、海陸中継貨物の大部分は浜線の取扱所より発送されていた。不定時運転であったが、一九三〇（昭和5）年に港駅を設け、直江津駅の職員三名が常駐し、専ら貨物輸送に当たっていた。[*49]『古老が語る直江津の昔』によれば、貨物はみんな浜線で積んでおり、直江津の経済は、港を中心にして石炭の搬入、魚類の水揚げ、越後米の積み出しなどということであったという。[*50]

また、一八九八（明治31）年に直江津駅が、最初あった直江津橋近くの位置から現在の位置に移転すると、西洋風の旅館やみやげ物店などが進出し、駅前通りが新しい商店街として発達するようになった。その一方、浜線に近い新橋区では一九一一（明治44）年に地域の青年会が、土地の商売をさかんにするため、新橋区青物市場を開始した。これが、現在の三・八の市につながるのである。

おわりに

直江津の近代について考えるとき、時代的な観点から、一つは現代とつながる新たな制度や枠組みの形成が、いま一つはそれまでの近世的な制度や枠組みからの転換が考えられるが、ともに古代、中世に形成された特徴が影響を及ぼしていると見ることができるのではなかろうか。それは、近代における行政的な枠組みとして正式な町名の必要に迫られた際、そこで用いた理由として「直江津」が古来より名称であり、その正当性を主張したことにも関係している。また、関川の架橋に示される陸上交通における要所としての復活は、まさしく古代・中世以来の街道が直江津と結びついていたからであった。

しかし、近代おける交通の要所としての機能を考えた場合、単に近世的なものを否定し、古代・中世的なものが復活したとは言いがたい。それは、近代における中央の東京が近世の江戸と連続しており、近代における直江津においても、近世に形成された陸上交通及び海上交通の発展が関与していたと考えられるからである。特に陸上交通においては、江戸と結ぶ北国街道が日本海側に抜ける街道として重要視され、整備されていたことが、主要幹線としての国道に発展していったからであり、さらに、鉄道における中山道ルートへの関与が、直江津からの鉄道敷設につながっていたからである。そして、直江津から東京への鉄道が敷設されたことにより、一貫して海上交通の要所であった直江津がさらに発展し、近代的な商工業都市としての直江津が形成されていくのである。

最後に、交通の要所として復活した近代の直江津について、現在につながるものをいくつか言及してみたい。

まず、鉄道の敷設にともない米の集散地としての機能が高まり、一八九三（明治26）年に直江津米穀取引所が設立された。一〇年を一期間としてその期間内の成績により存廃が決められるが、一九〇三（明治36）年に廃止の指令を受けたところ、町民がこぞって反対し、もう一期間の継続が許可された。このとき、取引所の継続を祝って作られたのが「継続だんご」であり、現在も直江津駅前の三野屋で販売されている。なお、米穀取引所の方はその次も継続したが、一九二三（大正12）年に廃止された。

また、交通の要所としての直江津で商業活動が活発になると多くの銀行が設立された。一八九五（明治28）年に直江津積塵銀行が創立され、後に直江津銀行と改称した。この直江津銀行の建物とシンボルであったライオン像は、一九一五（大正４）年に直江津銀行が倒産した後、高橋廻漕店（後、高達廻漕店）の事務所として海岸に近い片原区に移築された。現在でもライオン像の建物として、三・八の市の際に公開されている。

そして、その三・八の市が開かれる通りの正面に直江津町の道路元標が位置しているのである。

［註］

（1）『上越市史通史編5 近代』（上越市、二〇〇四）。三頁、三一頁。

（2）「近代」という時代概念と「近代化」という社会変化の概念は、厳密には異なるものであるが、ここでは近代という時代の中での変化として捉えることにする。

（3）『上越市史』（上越市、二〇〇一―二〇〇四）、『上越市史（普及版）』（上越市、一九九一）、『直江津の歴史』（直江津市、一九七二）、『直江津町史』（直江津町、一九五四）。本稿の記述は、基本的にはこの四点に依拠している。

（4）関川は下流の直江津付近では荒川と呼ばれるが、ここでは関川に統一して表記する。

（5）『直江津町史』九四頁。

（6）『新潟県市町村合併誌 上巻』（新潟県総務部地方課、一九六二）六―七頁。

（7）『上越市史 近代』一二頁、『直江津町史』九八―九九頁。

（8）『新潟県市町村合併誌 上巻』一二―一三頁。

（9）『直江津町史』一〇一―一〇二頁。なお、新潟県への再願で誤った配達が指摘された「今町」とは「県下三国線の今町」であり、現在の見附市今町である。

（10）『新潟県市町村合併誌 上巻』一二―一三頁。なお、中頸城郡役所は高田下小町（本町6）に置かれ、初代郡長は大一〇大区の大区長を務めた渡部健蔵が任命された。（『上越市史 近代』二一頁。）

（11）『直江津町史』一〇四頁。

（12）『直江津町史』一〇五―一〇六頁。なお、この「町村分合諮問答申書」のあて先は中頸城郡長であった。

（13）江戸時代の街道については、『上越市史 近世2』四八八―四九六頁、『上越市史（普及版）』一三一―一三四頁を参照。また、古川貞雄、花ヶ前盛明編『北国街道』（吉川弘文館、二〇〇三）四四―四五頁によれば、関川宿は関所の宿場として発展したが、宿駅の激増により北隣の上原宿と一五日交代の合宿となり、田切・二俣、松崎・二本木も合宿であったという。

(14)『直江津町史』一九二―一九六頁。往下橋は九二〇頁参照。

(15)『上越市史（普及版）』一一四頁。

(16)『上越市史 近世2』二八九頁。高田築城と城下町の建設が、この地域における中世以来の都市の伝統からの決別をもたらし、近世都市の完成を意味していたという。

(17)『直江津町史』一九六―一九九頁。

(18)『直江津町史』二三九―二四〇頁。

(19)『明治五年申六月吉日　掛橋日記』（活字転写版解読・解説太田一成、校閲中村辛一、直江津市社会教育課、一九六八）。また、解説によれば、橋銭について『直江津町史』は一人一銭とし、後に六厘としているが、日記の原本から橋銭は、最初から六厘であったと考えた方がよいようである、としている。

(20)『わが町　天王町の歩み―遥かなる直江津の歴史とともに―』（天王町誕生五〇周年記念誌編纂委員会・編集委員会、北越出版、二〇〇九）六〇頁。

(21)廣岡治哉『近代日本交通史』（法政大学出版、一九八七）一一―一三頁。

(22)『直江津町史』二四八―二五〇頁、『新潟県史通史編6　近代1』（新潟県、一九八七）四八五―四八六頁。なお、『新潟県史』所収の一八八八（明治21）年四月時点の内国通運会社通運路線略図によれば、新潟県の内国通運会社支店出張店は新潟と直江津に置かれ、集配取扱社が高田、柏崎、六日町、新発田、中条、村上に置かれていた。

(23)野村和正『道路と交通』（成山堂書店、二〇〇一）二二頁。

(24) 木下良『シリーズ日本を知る 道と駅』(大巧社一九九八)一三七頁。
(25)『直江津町史』一三二頁。また、『新潟県史通史編6 近代1』四四八—四四九頁所収の一八七五(明治八)年の新潟県道路等級区分図でも直江津は一等道路の北陸道線に位置づけられている。なお、二等道路は他国へ通じる三国道、岩代道、羽前道であり、三等道路は一・二等道路に接続する枝道の主なものであった。
(26) 野村、前掲書二二頁。
(27)『新潟県史 資料編15 近代3 政治編I』(新潟県、一九八二)四三八頁。
(28) 野村、前掲書二二頁。
(29) 太政官達第四一三号(諸街道里程取調方法並ニ元標及里程標柱書式)。直江津の道路元標については『上越のいまむかし』(上越郷土研究会編、一九九二)二九頁参照。また、道路元標自体については、『くびき野文化事典』(NPO法人頸城野郷土資料室編、二〇一〇)二〇〇頁参照。
(30)「日本鉄道史」(国土交通省HP、http://www.mlit.go.jp/common/000218983.pdf)
(31) 老川慶喜『近代日本の鉄道構想』(日本経済評論社、二〇〇八)五頁。
(32)「日本鉄道史」(国土交通省HP)、また、鉄道略則では第二条の「手形検査及渡方の事」で「ステーショントハ列車の立場ニテ、旅客ノ乗リ下リ、荷物ノ積ミ下ロシヲ為ス所ヲ云フ」として「駅」や「停車場」ではなく外来語の「ステーション」をそのまま用いている。『運輸50年史』上巻(運輸日報社、一九二一、復刻版一九八九年)三四頁。
(33) 竹内正浩『鉄道と日本軍』(筑摩書房、二〇一〇)四九—五〇頁。
(34) 石川伊織「鉄道と文学と『裏日本』」『「裏日本」文化ルネッサンス』(NPO法人頸城野郷土資料室編、二〇一〇)一二八頁。
(35)「一二〇年前の鉄道」『季刊 直江の津二〇〇六—二〇〇七年冬号 通巻二四号』(上越なおえつ信金倶楽部、

二〇〇六）六頁。
(36)『日本国有鉄道百年史第二巻』（日本国有鉄道、一九七〇）二四一―二四三頁。白川止一『越後の停車場』（朝日新聞社、一九八二）八―一〇頁。小山幸司「直江津―妙高高原の鉄道小史」（「くびき野カレッジ天地人」報告資料、二〇一一・九）参照。
(37) 荻野惣次郎、中戸賢亮、宮崎久雄、佐藤策次『古老が語る直江津の昔』（柿村書店、一九八一）二一頁。
(38)「一二〇年前の鉄道」『季刊 直江の津』七頁。
(39) 竹内、前掲書五二頁。
(40) 石川、前掲書二三〇頁、二九八―二九九頁。また、「一二〇年前の鉄道」『季刊 直江の津二〇〇六―二〇〇七年冬号 通巻二四号』七頁。
(41)『上越市史（普及版）』二〇七頁。
(42)『運輸50年史』上巻九六―一〇一頁。
(43)『新潟県史 資料編15』四六三―四六五頁。石川、前掲書二三一―二三四頁。
(44)『直江津町史』二四二頁。
(45) 同上書三六二―三六五頁。なお、ここでの直江津とは今町港を指す。
(46) 同上書三六六頁。
(47)『上越市史 近代』一八二頁。なお、鎖鑰（さやく）とは錠と鍵のことで要所のことである。
(48)『直江津町史』三六八頁。
(49) 鉄道省運輸局『港湾と鉄道の関係調書』第三輯、一九二五（復刻版、老川慶喜監修、日本経済評論社、二〇〇三）三〇六頁。『直江津町史』二四三頁。
(50)『古老が語る直江津の昔』二四―二五頁。

林芙美子と継続だんご

私、あの時死ななくてほんとうによかったと今、思うの。継続だんご、まだあるかしらん……なんて、天国の芙美子さんが思っていてくれたら直江津で継続だんごと珈琲のセットを出している甲斐があるというもの。申し遅れました。私、直江津駅前通りのなおえつ茶屋店主でございます。

直江津と縁があって駅前通り唯一のカフェを運営しております。平成の世になって変わらぬもの、変わったもの、直江津は千三百年ものれきしある町、近代の文豪たちが訪れた文学の町でもあります。

読者のあなたもご存知だとうれしいのですが継続だんごは米どころ新潟だからこそ誕生した米にかかわる和菓子です。明治三六年、米の取引所が廃止される命令が政府からでて、地元民が反対しかろうじて継続されたことを祝して誕生したのが継続だんごだったとか。それから一〇〇年あまりたった今、私は縁あって直江津で生活をしています。直江津ではまだ四年生。来年の春から五年目に入るところでございます。

風の町、ともいいかえることができると思います、ここは。この風、北はシベリアから日本海を通過いたします。春夏秋冬を通して直江津の風は暴れるモノ、鳴くモノと知りました。芙美子さんは東京で強めの風が吹くと直江津を思い出したりしてくれたのでしょうか……。実はこのオモイ、なおえつ茶屋で林芙美子さんのことに詳しい方が語ってくださった『そうだったらウレシイ』という空想話なんです。私この話にいたく共感しまして、ことあるごとにお話させていただいております。

芙美子さんが訪れた九月は、どんな風が吹いていたのでしょう……。

継続だんごは白いんげん豆を元にして作られた菓子ですが、小豆とは違う甘みやおいしさ、栄養があります。これは私の持論ですが、心がふさぎこんでいる時は白あんが効くんじゃなかろうか……と。芙美子さんは直江津を訪れ、三野屋さんに訊きました。「この団子の名前は何と云うんですか?」「へェ継続だんごです。」このやりとり、三野屋さんの継続だんごの柿色の包装紙に書いてあります。私はこの包装紙が好きでたまに見て読んでいます。一〇〇年ほど前の町並みも描かれていて趣があるんですよ。

苦しいことばかりだけれどへこたれそうになったら直江津まで列車でこよう。そして継続だんごをたべて珈琲をのみ息を抜いたら一歩いや半歩ふみだせる勇気を持てるかもしれない。花の命はみじかいけれど花咲くときを夢みれるかもしれない、花のような愛を一瞬、抱けるかもしれない……なんて直江津でカフェを営みながら、そんな心境を持てるようになった今日この頃でございます。

二〇一二年師走吉日

なおえつ茶屋店主　花柳紀寿郎

第二章　物流拠点としての直江津

――今町湊の時代から――

長谷川和子

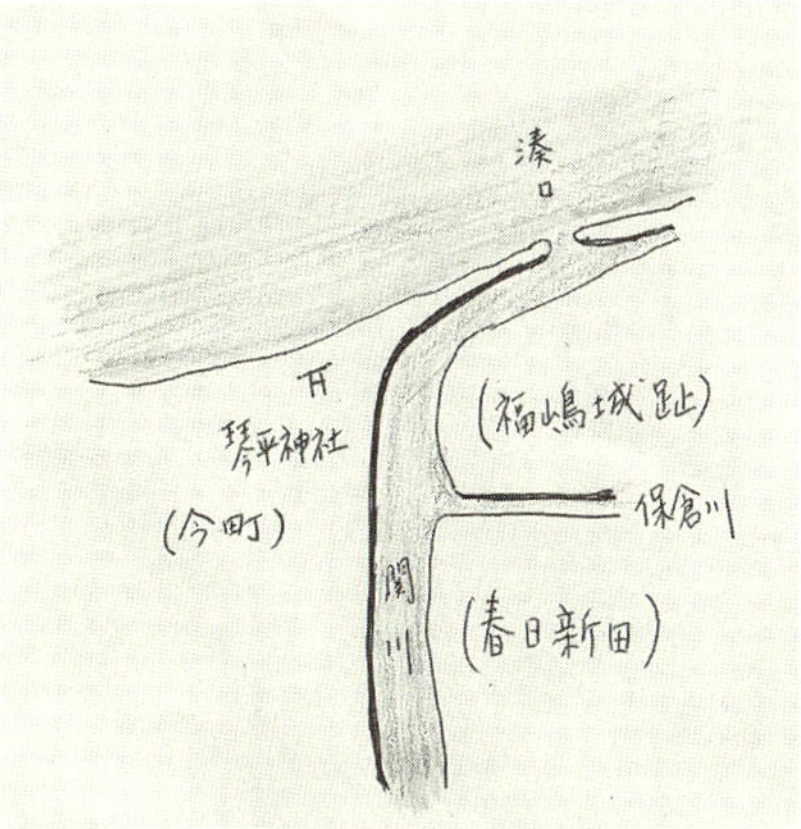

『上越市史』通史編５近代　上越市（2004年）より作成

③　河口部、海に向かって左岸近くにある琴平神社。右側の写真は一番奥に見える石碑である。

序

『上越市史』「第四節　産業近代化の模索」では越後国頸城郡直江津今町とよばれていた頃のことが詳細に記されている。[*1] 湊のシンボル、関川の河口部は幅約九〇メートル、深さ約一五〇～一八〇センチメートルと浅く、二〇〇石以上の廻船は沖合に碇泊場が設けられたという。関川左岸の海岸沿いに今町があった。

海の守り神であり、地元の人たちが親しみを込めて「こんぴらさん」と呼んでいる、琴平神社（金刀比羅神社）にはいくつかのの石碑があり、一番奥にある縦長のものには次のような文言が刻まれている。

「金刀比羅神社　基本金　千二百円　寄附者　大正七八九年度　入港汽船　各船主殿各船長殿　取扱世話人　古川廻漕店　高助合名会社　高橋廻漕店他」[*2]

一二〇〇円は大正時代の貨幣価値で換算すると現在の約一一一万円位であろうか。[*3]（昭和五九年に関川の改修工事が行われ、現在の所に定まったという。）

近世から近代に、廻漕業で活躍した人々については、本章後半で若干の記述を行いたい。

さて石碑が建立された頃の直江津港はどのようだったのであろうか。

近代（大正期）の直江津港の様子について、次のような記述がある。

老川慶喜『港湾と鉄道との関係調書』に掲載されている、大正四年鉄道省運輸局資料には次のように記述されている。[*4]

「直江津港ハ新潟県中頸城郡直江津町ノ東部ヨリ日本海ニ注ク荒川河口（北緯三七度一〇分四〇秒東経一三八度一四分一秒）ノ沖合一帯ノ海面ヲ指称ス天然、人工共ニ具ハラサル遠浅ノ荒磯ニシテ錨地ト云フモ防波設備ナキ日本海面ナレハ波風一度起ラハ直ニ佐渡ニ避難セサルヘカラス又荷役ハ外洋中ノ艀取作業ナレハ甚タ困難ニシテ割高ノ中継費ヲ要シ殊ニ冬季五ヶ月間ハ波濤荒ク船舶ノ碇泊ニ適セサルハ大ナル欠点ナリト云フヘシ

然レトモ本港附近ニ良港ナク且ツ鉄道ハ同地ヨリ三方ニ拡リ陸上交通至便ナレハ商船の来航多シ目下工事中ノ荒川河口改修事業（県事業）ハ大ニ進捗シ艀船ノ出入多少容易トナレリ而シテ町有志者ハ一歩ヲ進メテ築港ヲ希望シ居レリ若シ築港ニシテ実現センカ後方連絡ノ至便ナル本港ハ日本海ノ主要港トシテ大ニ活躍スルヲ得ヘキカ[*5]」

直江津港は地形、気候いずれの条件からいっても決して有利とはいえない。しかし、付近にはいずれも良港なく、陸上交通の便が良いということで、商船の来航が多かった。「改修工事が進展して後方との接続が便利になれば日本海の主要港となって活躍できるのではないだろうか」、というのが大まかな内容と思われる。

このように先人たちは苦労して今町湊から直江津港に至るまで、物流拠点としての今町で町の繁栄を築いてきた。

本章では、まず前述のように大正初期の様子に若干触れ、次に近代の初期である幕末の今町はどうであったかを最初にみる。以下、今町経済の特徴及びその歴史的流れを概観し、地元の人々はもちろん、日本全国「津々浦々」(まさにこの字が表す意味で)の人たちにも昔の直江津を伝える一助となればという思いで筆を進めた。

一　幕末維新、今町の経済変容―港湾一式の稼ぎ

『直江津町史』(以下『町史』という)及び『わが町　天王町の歩み―遥かなる直江津の歴史とともに―』(以下『天王町史』という)では、幕末の直江津が官軍の輸送物資の拠点となっていたことが記されている。[*6]

(一)　新潟港新規通川反対―拡大の一途を辿る新潟港に対抗

さて、町史第四編　交通(其の二)海運　第一章冒頭には「直江津の生命は港である。」とある。まさしくそれを物語る町史の文書をまず紹介したい。[*7] 幕末より少し前、今町が新潟の信濃川通船に反対して訴えたものであるが、この文書の中に今町湊の特色がよくあらわれていると思われる。

町史によれば、「天保一二年新潟は当時信濃川大河津分水の計画あるを知り反動計画として再び信濃川の通船によって甲信地方と舟運を開かんことを企画した。今度は直江津港は猛然と反対した」とある。

湊に関わる業者は先祖代々世襲制で田畑はなく、湊に入る荷物の受け入れと取捌き売買等で生計を立ててきた。今町湊は単に領地の船荷の積み出し、受け入れだけでなく中継地点としても重要な役割を果たしていた。従ってもし新潟湊が信濃川の通船によって直接荷物を信州等に送ると、今町湊は衰退し商売を続けることが不可能になってしまう。そこで、「新規に川筋に荷を通すのは不許可に願います」と訴えた内容である。

惣代船問屋権八郎以下丁頭井田屋惣兵衛、大肝煎福永弥平からの陳情書は次の通りである。

〈新潟港新規通川反対〉（現代語訳）

天保一二年一一月

「越後の国頸城郡直江津今町湊の者一同お願い申し上げます。当湊に関わる者は田畑等全く有せず、諸国海陸より交易の品々を引き受けたり捌いたりしながら、湊に入る廻船の諸手荷物を専ら商売にしております。各地の商人も数多く参入しておりますし、前々からこの商売を続けております。

しかしながら、今般、当越後国新潟湊より以下のような計画がなされました。すなわち信州丹波島その外諸所へ千曲川犀川之川筋に新規に八十艘の船を通し、商品の売買運送について五年間の試用期間を設ける趣旨の御触書きを各村の支配役所より関連村々へを出して欲しいということでございます。これを聞いて大変驚いております。それまで上記ルートの商品売買運送については、当湊経由で諸品を信州の由善光寺上田小諸、その外上州、甲州のあたり並びに飯山須坂、松代等に附け送り、なおまたそれら地域からの国産の品（地域の特産品）を引き受け、当湊より船積みし、越中、加賀、能登はもちろん佐渡、松前の外、其の外の諸国を相手に手広く売買し、それによって今町は潤ってきたわけでございます。

もし、新たに新潟湊から信濃川経由で諸品を運搬することになりますと、自然に今町湊は衰退し商売を続けることが出来なくなってしまいます。

御奉行様におかれましては私どもに御慈悲を賜り、新潟湊からの新規通船の許可申請を差止めくださいますようお願い申し上げます。このお願いが聞き届けられますれば一同大変有難く存じます。」

この陳情書の結果について町史は、「此の反対によって新潟の新規企ては中止のなむなきに至った。」と今町の差止め願いが認められたことを明らかにしている。[*8] そして、さらに「高田藩では幕府の海運政策に則るべきは当然であるが、また藩として独自の立場に立って領内の海運を維持せんとするは是亦止むを得ざる事である。」として、高田藩は今町の立場を擁護しているとする。[*9]

（二）　春日新田開港反対――幕末今町、会津征討軍受入時の危機

さらに、欧米諸国から開国要求が強まり、幕府は安政元年（一八五四年）日米和親条約を結び開国となった。しかし、慶応四年（明治元年）一月、新政府軍と旧幕府軍の間に戊辰戦争が起こり、世の中に様々な不安が広がっていた。町史によると「この期に藩当局の間に春日新田開港の議が持ち上がった（春日新田は幕領であった）。」とある。[*10] この陳情書は物代船問屋権八郎が奉行所に提出したものであるが今町湊の人々の危機感、必死な様子も伝わってくる。[*11]

〈春日新田開港反対陳情書〉（現代語訳）

部分的に訳す（前半は今町湊の経済活動を表すもので、最初に挙げた文書に似通っている。本文書は春日新田が今町湊から独立して開津し、矢代川に直接荷を送るように談合していることに対する反対の陳情書）。

「しかるに今般、会津征討軍の多数並びに軍用の荷物は当湊をもちまして海陸両方で中継地としても運送を承っております。そして昼夜を分かたず一同一生懸命その任務に当たっています。春日新田は専ら田畑の耕作を行っており海辺（湊）の地域ではありません。一方、今町は田畑など無く、開闢以来諸国との取引で生計を立ててまいりました。もし、春日新田を開津し、矢代川へ直接に送りすることが可能となりますと、（生計が立たず）大勢の者が前途を閉ざされてしまいます。元来当湊の口は浅く狭いため、時化のときなど大型船舶などでも直接入ることもできません。また北の荒海のために厳しい状況も抱えております。湊を中心とした生業以外特になく、もし、（開津となれば）一五〇〇軒の命は露となってしまいましょう。「開津並矢代川船下ケ之件」については御廃止としていただければ、大助かりで、大変有難く存じます。」と訴えている。[*12]

征討軍を迎え入れるため、一同昼夜を分かたず準備してきたのに、肝心なところで、あてにしていた幕領の春日新田に今町湊の権益を奪われることになっては元も子もないということだろうか。それにしても歎訴には「命が露となってしまう」と誇張された表現があり、そこまで言うからには余程のことがあったのであろう。[*13]

町史によれば、直江津の歎訴によって春日新田の開港は実現しなかったが、地方物産品の自由販売を許可されたとある。

現代から考えると、今町湊（直江津港）と春日新田はほとんど同じ領域と思われるが、当時は高田藩と幕府の直轄領である春日新田ということで、海上支配権の複雑な抗争があったのであろうか（海に向かって関川左岸が今町、斜め右岸後方一帯が春日新田である）。

また、戊辰戦争時の出費が後々まで今町の財政事情を圧迫させたことは、『上越市史　資料編六』明治九年　大八区小拾三区小区長福永弥平から新潟県令永山盛輝宛ての文書でも明らかである。[*14]

「乍恐奉歎願候　頸城郡今町之儀者田畑耕地無之港湾一式之稼ヲ以貧民多クシテ壱ヶ年五百円以上ノ賦課難立土地ニ候処、戊辰之年御北征ニ付官軍様方御出兵及兵器御兵糧米等至急之御用途無昼夜之別海陸逓送被仰付…中略…、故ニ年々戸長用掛転免イタシ民事ノ隆替ニ関シ遂ニ民心動揺切迫ニ至り候モ難計候、依之小区会ヲ設ケ民力取凌候様区戸長及町々惣代共協議之件々別紙ニ相奉差上候、何卒幾重ニモ御憐察被成下置度只顧奉歎願候、以上」

文書中に「民心動揺切迫」と明示され、第二項に取りあげた「春日新田開港反対」よりもさらに切迫感が感じられる内容である（この嘆願書の結果については現在のところ資料が入手できないため不明である）。

（三）　類似の事件

今町湊は冒頭で述べたように「港湾一式の稼ぎ」の地であったため、他港が開港となるとそれは港から入るべき収益が減ることを意味したため、何としても避けたいことであった。

〈一〉　柿崎開港事件

嘉永六年、柿崎近郷の有志が柿崎黒川河口に開港を企て築港工事に着工したが、高田藩が許可を与えなかったため失敗に終わる。

〈二〉　西頸城梶屋敷開港事件

柿崎と同じ頃に同様の開港の企てがあった。

しかしながら、明治五年柿崎及び梶屋敷は共に開港となった。

時期は前後して、他にもいくつか類似の事件があるが割愛する。今町あるいは直江津今町が正式に今町に変わるのは明治一一年八月のことである。[*15] その後明治二六年信越線の開通により、今町は変容していく。

二　今町・直江津経済の特徴（一）―歴史的背景

渡邊慶一氏は「日本海沿岸の航路が盛んに利用されたのは蒸気船やガソリン船による現代よりも遥かに帆船のみに便（たよ）った中世から近世の時代にあったことは寧ろ奇異の感がするであろう。直江津は北陸沿岸では最も早く開けた港の一つであったことは諸種の文献の示す所によって明らかである」という。[*16] 今町の時代は現代の私たちが想像する以上に繁栄していたようである。

今町は三津七湊の一つに数えられていたことは本書の序で既に述べた通りである。蒲原津、沼垂、新潟を抜き今町のみ越後沿岸唯一の要港であった。七湊は越前から津軽に至るまでの主要な寄港地である。

今町と呼ばれていた頃の直江津港の移出品は主に米、肥料、青苧であり、移入品は塩、鉄、砂糖等であった。特徴的なのは移入品が移出品より圧倒的に多いということであるが、直江津港となっても主な移出入品は変わっていない（第四節第一項参照。）青苧だけが、特産品から脱落している。[*17]

本節では主に上杉時代と河村瑞賢が開拓した西廻り航路による経済の繁栄を取り上げたい。

（一）上杉時代まで―越後海運の発達

町史では、「上杉家は直江の津（府内の中）に対して旧来より他の諸港と異なって臨時の増税や新規の税を課せず専ら保護を加えて来たことが明らかである。今度も他国の船が心安く自由に出入りして貿易が盛んになり経済が立ち直るように入津税は勿論他の役即ち雑税も五ケ年免除したのであった。」と上杉氏は直轄化により今町を保護し、積極的な海運政策をとってきたことを述べている。[*18] 当時越後の特産品は、米、塩鮭、蝋燭、綿布、麻布、青苧、佐渡の黄金であり、京阪地方に広く販路を有していた（米については後に若干の解説を行う）。

また、小林式氏は「重要港湾都市の直轄支配化の歴史は、上杉氏の領国体制の確立の歴史と景勝時代に急激に進展していることを理解できよう」として上杉氏の政策が実効性のあったものであることを強調している。[*19]

その後、上杉景勝が一五九八年一月会津に移封し、同年五月に堀秀治が春日山に入城、秀治の子忠俊が、江戸幕府が開かれてまもない一六〇七年、府内福島（福嶋）の地（関川を挟んで今町の対岸に位置する）に城と城下町を築いた。今町湊は日本海海運、関川、北陸街道の交錯する交通の要所であり、堀氏も積極的に港町の保護育成を行った。[*20]

(二)　徳川時代—東廻り、西廻り航路の開拓

慶長八年（一六〇三年）徳川氏が開府すると政治の中心は江戸へ移った。従って、旧来の京坂中心の経済事情が、江戸の発展によって京坂中心経済に江戸中心経済が加わることとなった。町史では「江戸は急に発展し、殊に明暦三年の江戸大火は江戸市街を著しく膨張せしめ人口激増のため幕

府は寛文年間食料輸入の必要に迫られ、米産地の奥羽、北陸方面に海運施設を構ずるに至った」としている。[*21]

つまり、当時航路は海路遠く、日数がかかり、救護施設の連絡なく難破の可能性も高かったため、海運施設の整備に迫られたというわけである。寛文年間（一六七二～三年）、河村瑞賢による東廻り航路、西廻り航路の開拓があり、以後急速に海運施設が海運の隆盛に結びついた。[*22] ところで、「高田藩では明暦二年（一六五六年）にはすでに西回り大坂回米制が確立している」ともいわれている。[*23]

しかしながら町史は、高田藩政時代、今町がそれまでの伸びやかな経済活動が制限されてしまったとし、「単なる高田城下町の開門として在属するに止められ全く商活動は高田商人の封権規格内に封じ込められてしまった。此れに反し新興新潟港は地の利を得しとは言ひ其の活動を自由に伸展せる為自然の力と人の力によって遂に直江津を凌駕し北陸沿岸の優位を占むるに至った」と新潟港に著しい差をつけられる結果となったとする。[*24]

さて、ここで河村瑞賢の西廻り航路開拓について少しみていこう。

当時津軽海峡の通過は非常に困難であったため、幕府は江戸の豪商河村瑞賢に命じ、北国（特に出羽）の城米輸送を安全に行う方法を整備させた。寛文一二年以後幕府は瑞賢の方策によって北国筋の城米輸送を民間に請負せず幕府の直送とする（幕末には民間に請け負わせた）。

西廻航路は酒田より北陸沿海を経て下関を迂回し、瀬戸内海を過ぎ大坂に寄港（船体を検問）更に紀州の南海を航海して遠州灘を通って江戸に達するというものであった。[*25]

町史は新井白石の『奥羽海運記』を引用し、「寛文一二年二月瀬戸内の各港よりいっせいに奥羽酒田港に向かって出帆。四月に到着。五月城米を積んで酒田を出発。航程八〇〇里、七月江戸に着き、一艘の落伍船も無かった（要約）」という。今町と北前船については次節以降で再度扱いたい（なお河村瑞賢は、高田藩主松平光長の時代、小栗美作に助言し頸城の開発を行った）。

（三）近代―明治以降

町史は明治初年迄の今町港の模様を「［頸城郡誌稿］天保九年戌年調べ」を引用しながら、「湊の広、凡弐丁余、深サ僅五六尺に付大船は沖懸り、諸荷物は伝馬舟を以て出入共運送す。すべて西北風には入り易く南風には難儀し、十月より二三月（翌年）迄列風激浪多く舟出入難レ成且波濤の為湊先入狂い候、波荒の節は虫生岩戸潤（郷津）へ大船避難し其所より荷揚けをなす差配は今町なり」としている。大型船は沖に碇泊し、伝馬舟で荷物を運び揚げた。冬場五六カ月間波荒の節は、荷揚げを郷津で行い、その差配（さはい）は今町が行ったとする。[*26]

また、中沢肇『直江津の今と昔』「発展する直江津　一　今町港から直江津港」の項には高田図書館所蔵の直江津今町港の絵図が紹介されている。絵図の説明には「明治初年の絵図で今町港に陣屋、遠見番所があり、海岸には台場が三か所見える。なお荒川沿いには米蔵、保倉川には船蔵が書かれている」とある。[*27] 保倉川の米蔵の後方は「福嶋城趾」と記されている。また、台場があるということは今町港に海防設備が整備されていたことが分かる。さらに、「明治七年の今町港は船舶二〇〇石積以下およそ二百艘の碇泊所」であったとも記されている。[28]

鉄道は明治二六年に信越線が開通し、直江津の中継地としての機能が高まった。そのため海運は徐々に衰退していったが、日露戦争を契機に再び発達した。

中沢肇「直江津の昔と今」によれば、大正一二年、船の主な種類は、汽船、西洋型帆船、小型漁船、艀であったという。[29]

三　今町・直江津経済の特徴（二）―商業

(一)　今町・直江津の商人

直江津今町の商人は主に船宿（廻船問屋）で、『天王町史』第七章に明確に記されている。詳しくは同書五〇～五三頁にある「直江津今町の廻船問屋」「弁財船と海運業の発達」等を参照していただきたい。同書では、北前船の解説について「日本海海運に用いた弁財船型の廻船の総称」とある。入出津航海風景の写真も掲載されているので、一艘の弁財船の絵を見るよりも遥かに迫力がある。入出津の手続きも詳細に規定されており、「各廻船は指定の廻船問屋を持っていて入津の際は、その問屋との商売を行っていた」とある。[30]

また、今町では船問屋（単に「問屋」ともいわれる）。船問屋になるには領奉行の申付けによらねばならなかったため、「財力のある有力者の中から選定された一種の役格である」といわれている。[*31]船問屋は、公式業務は領主の廻米積立及び津出しを行い、一般業務として港の輸出入（移出入）の貿易業を営んでいたという。その他、小宿、荷宿があった。船宿と小宿の違いは一〇〇石積以上かどうかの違いだが、小宿の荷物取扱いはすべて船宿の差配を受けなければならなかったという。[*32]

再び天王町史に戻る。天王町史では廻船問屋の役割と仕組みを分かりやすく解説している。廻船が「直江津今町の沖に着くと、廻船から小船を下して湊へ入り、廻船問屋（船宿）から添証文をもらう。その証文を添えて今町陣屋と沖の口番所に入港を届ける。その後、陣屋役人による荷改めが行われ、荷物を揚げて、廻船問屋との取引が行われる。そして規定の運上銀を沖の口番所へ納めるのである。出港の場合も、同様に今町陣屋の検閲を受け、既定の商品にかかる納税をおこなうのである」。[*33]沖の口番所とは税関のことである。入港、出港はそれぞれ入津、出津とも表現される。明治元年、今町の廻船は六三艘あったという。所有者の名前を見ると片田屋八右門、酒田彦八、福山長作、油屋佐五左衛門、小松屋寅五郎、大屋平次郎、木南八郎右衛門、鈴木屋久作、林屋権蔵、石田屋源左衛門、勝島才治郎、以下続く。福山長作、片田屋八右衛門、油屋佐五左衛門など石数の異なる船を複数所有している船主も多くみられる。

そこで、全国規模の「近世紀日本海海運有力船主一覧」をみると、今町では唯一福永家がリストに入っている（有名な加賀の銭屋は延船数一五である）。[*34]福永家（越後今町）は延船数一〇、帆船所有開始が一八二七年頃、帆船所有終了一八七九年頃となっている。

また、上越市史では「北越商工便覧」に見られる商家数として、業種別で掲載されている。[*35] それによると、回漕問屋が一三、宿・料理が一一、貨物取扱が三、蝋・砂糖、米穀、休息所が、それぞれ二、和・漢・洋酒、陶器、材木、諸品委託販売、その他がそれぞれ一となっている。商家では回漕問屋と宿・料理が突出して多いことが分かる。

少し時代を先に進める。大正年代の資料として先に挙げた老川慶喜『港湾と鉄道との関係調書』によると、汽船を所有していた廻漕業者は高橋達太、高橋喜六、古川長四郎で、取扱商品は石炭、海産物、塩であり、取引相手地も、北海道、九州、佐渡と全国にまたがっている。[*36] 山岸常吉、星野與三吉、川島治郎七、勝島藤吉、山岸友太郎、栗山幸三郎、尾澤平吉は帆船の所有者で、主に木材、竹材、鮮魚、海産物、瓦、石材などを取扱い、取引先も佐渡をはじめ、越中、能登に限られていた。[*37] この時期、佐渡、能登、方面は帆船の往復が多かったといえよう（第四節にて補足的説明を行う）。

また不定期航路として、北海道（石炭海産物積）、瀬戸内海（塩積）、関東州（石炭積）より臨時汽船の来航があった。

(二) 直江津・今町の廻送品―特に米について

〈一〉 城米の廻送

町史では今町湊からの回米（廻米）は年額三十万表を下らなかったという。また、中沢「直江津今町湊の北前船と回米―江戸中期の蔵納のこと―」では、延宝・天和の頃、御城米（年貢米）一万三千三百七十三俵を、六艘の北前船で今町湊から江戸へ廻送したという。*38

さらに中沢氏は「この六艘の船に大量の年貢米を積み込む迠の資料の記述は無いが、頸城郡の郷蔵から川船又は人馬で今町の蔵宿に運び煩雑な手続きを経て積込むのである」、「寛文一三年（一六七三年）船中御条目とよばれる厳しい定をもって船頭以下乗組員に、船中の城米を守るべきを命じている」と江戸の蔵宿までの経過の他に、船籍、船頭、村名今町湊出航日、品川着日、蔵宿名の一覧表を掲げている。*39 詳細は割愛するが、品川に着いてから浅草、本所の蔵宿へは川船で運ばれたものと思われる。諸費用の明細の主なものは御米番賃、納宿給米、根太木賃、苫菰損料（とまこもそんりょう）等である。

城米（御城米）は天領でできた米で、多くは江戸へ廻送される。蔵米（御蔵米）は大名の領地で収穫され、主に大坂で換金され藩の財政をまかなう。本米、欠米（かんまい）、浪米は城米を用途別に分けたものである。本米は積込み分から欠米を差し引いた分、欠米は輸送中の米の目減り分で潹米（ふけまい）、濡米（ぬれまい）などによる不足した分の予備米で一石につき三升の割合で積み込む定めとなっている。浪米（ろうまい）は江戸までの航海中、船の乗組員たちの分で、航海中難風に遭い船脚を軽くし避難するとき際には、浪米を海中に投げ捨て城米を守るべきと船中条目に規定されていた。*40

米の運賃は、一〇〇石につき金二〇両三分だったという。半分は大坂で前渡し、残り半分の四分の一（つまり全体の八分の一）は今町渡し、江戸に着いてから残り四分の三を渡す。

米で納めていた年貢は、松之山は例外であった。松之山は深山で年貢米輸送困難のため、春日山時代から年貢米は金納となった（もっとも全部が金納というわけでなく、一部は米で納めていたようである）。特産の青苧から織出した縮代金を当てていたという。米は「郷蔵から津出しに当たっては川船の来る所まで運搬せねばならず、その労力は他の農作業に影響を与えている」という。[*41]

さらに中澤氏は、回米を（江戸の）浅草の蔵へ納めるまでは筆舌に尽くせぬ苦労があったと記しているが、それは海上輸送の困難だけでなく、欠米を余分に差出し、回米にも賦課金がかかり、また「年貢米が御国籾（もみ）として郷蔵にあるので、油断なく見守り風の激しいときは村役人が寝ないで番にあたっているなど」などの付加的な義務や心労が多かったことを意味すると思われる。

明治四年（一八七一年）新政府は回米の規則を新たに定めた。その内容が一部紹介されている。

一．船中上乗並びに御様（おためし）俵を廃止

二．米一〇〇石の回米運賃（北国西廻り）今町湊より東京迠　一金八五両一分二朱

三．船中容赦米の分として欠米を積入れないでよい。もし納め不足となったら類米を相場で買い納める」というものである。[*42]「欠米を積み入れないでよい、納め不足分は類米を相場で納めることができる」ということは積荷をその分減らすことが出来る上、精神的な負担も軽減されたことであろう。

こうして、近世期の諸藩・幕府の三都への廻米体制が、一八七一年の廃藩置県とともに崩れ、さらに地租改正で租税が物納から金納に一本化されたため、米の商品化が各産地で行われ、地域的米

穀市場が発達していった（それはまた別の負担をもたらしたことは、第一節の福永文書に顕れている）。

〈二〉　保倉川から今町湊までの舟運

『上越市史（普及版）』によれば、「いまでは考えられないほどだが、関川や保倉川では川船が上下していた。物を運ぶのに、船の方が牛馬より積載量が多く運賃は安かったからである」と想像以上に川船の果たした役割が大きかったことを特記している。[*43]

町史では「荒川河口内へは廻米の艀が新町川岸の船着場へ入る以外は絶対に今町川船以外の船を入れない、今町川船は荒川河口から前述の川々の航行に特権を有して居って他の川船の航行を許さない（但し在郷の農家が自分の持ち船で私用に近距離の航行は黙認されていた）」とあり、川船の厳しい統制があったことがわかる。[*44] また、町史では越後の七川を挙げており、関川（荒川）、保倉川、飯田川、糸魚川、信濃川、阿賀野川、会津川、これら七川は国役（国税）で修理してきたという。[*45]

今町の川船は各地の回米をはじめとした物資輸送の役割を担っていたという。川船は川船定式で決められており、「川船の定役銀として、上銀一貫二〇〇匁を川船持が上納してきた」が、中澤氏は今町湊の盛衰が川船の数によってもうかがうことができるのではないかとしている。[*46]

そこで保倉川の舟運について少しみていこう。保倉川流域の幕府領村々の年貢米は数組の郷蔵組に分けられ、その蔵組ごとに郷蔵に納められた。その年貢米の一部が御城米として江戸・大坂へ廻送されたという。[*47] 各郷蔵所より今町迄の保倉川筋の重要な荷揚げ場は、飯室、今熊、石神、花ヶ崎、末野、森本、上吉野、百間町、市村、下三分一、吉村、福嶋、佐内、今町であった。[*48]

大島村の例を挙げると、大島蔵組は、大島・中野・棚岡・仁上・菖蒲・牛ケ鼻の六カ村であった。川浦・荒井御役所宛ての「大島村差出帳」には「この城米の津出しは保倉谷の飯室村の川辺迠の四里半の道を持出し、川船で七里を下り今町へ運び、北前船の西廻りで江戸迠海上を六六〇里ほどを輸送すると述べている」と川辺から川船で今町に運び、北前船に積み替え江戸までのルートが示されている。*49

四　他地域との関連

(一)　今町の移出入製品と移出入先

町史では、大正より昭和初年迄の物貨集散状況の詳細が記載されている。直江津港の移出入品をみてみると、移入品は、石炭、食糧、セメント、撒塩及び灰汁、コークス、鉱石、鮮魚介、乾魚貝及塩魚、海産肥料及魚糟、鯨油、魚油、数の子、魚節、石材、木材、瓦及鐵材、木炭、内国米、豆類、缶詰食糧、海草類、薬品、金属である。移入先は都道府県別にみると北海道が特に多く、以下岡山、大分、熊本、山口、青森、富山、石川、愛媛、徳島、香川の各県が続いている。*50

移出品は、薬品、絹及び綿織物、衣類同付属品、金属及び同製品、機械類、自転車、爆発薬、車両、鐵材、鉛、石灰石、人造肥料、石炭、カーバイト、石灰窒素、硝酸曹達、楽器及学術器械、書籍及雑誌、内地米であり、移出先は内地米が小樽と東京、カーバイトが門司その他、人造肥料、石灰窒素が主に朝鮮、人造肥料は台湾にも移出されている。その他はほとんど佐渡の各港である。町史は「直江津港は古来より移入港であったことは今も変わりはない」としている。*51

(二)　今町を拠点に全国展開した海運業者

〈一〉　近代化への対応

中西聡『海の富豪の資本主義』によれば、近世後期から近代前期において、海運の担い手の連続性はある程度みられたという。*52 北前船主の中で汽船船主へ展開できたのは一部にとどまり、多くは和船の改良化による西洋型帆船に止まった（今町の場合も、本章第三節第一項に記述してあるように汽船を所有していたのは高橋達太、高橋喜六、古川長四郎の三廻漕業者のみで、他の多くは帆船所有者であった）。北前船主による所有船の多様化は、近世来の海運業者の海運近代化への対応の一つである。改良和船は本来の商業で扱った荷物を輸送するため、固定資本が比較的安価、安全性もある程度期待できるため、米穀商、海産物商、呉服太物商などが所有し、また重量の割に価格が低い酒造、醤油、石灰製造業者などの製造業主は西洋型帆船主へ展開していったという。*53

富山から直江津までの鉄道が開通するまで、富山県東部沿岸と帆船輸送が活発に行われていたたことは、先に挙げた鉄道省の資料が示すデータでも明らかである（筆者は何となく北前船＝江戸時代という先入観があったが、近代前期まで連続性があったことを改めて認識する契機となった）。

さて、再び中西『海の富豪の資本主義』に戻ろう。中西「一九世紀日本における西廻り航路大規模帆船船主一覧」によると、越後今町の木南（きなみ）源十郎の帆船所有開始は一八六五年頃、帆船所有終了は一八八一年頃、近代期最多時期は一八七五年で六隻であったという。前述の福永家よりは時期が少し後になる（この表に現れている船主で一番多いのは近世期、有名な摂津兵庫の高田屋嘉兵衛→金兵衛の三八隻所有であった）[*54]。

なお、今町出身ではないが、西頸城郡の鞍屋伊藤家は一九世紀を通して地元越後国の今町と新潟を拠点として交易をし続けた[*55]。そして、越後国では最大規模の帆船船主となったという。「鞍屋は買積経営を中心としていたが、買積経営は利益も大きいものの海難や商取引のリスクが大きく、長期間にわたり多数の帆船を所有し続ける買積船主は少ないため、鞍屋はかなり有力な北前船主と位置付けられる」としている[*56]。

今町商人との関係では、一九世紀中頃、一八三九年伊藤家帆船（伊栄丸）の商品売買リストに、石田屋勘太郎から小豆四三表を二七両二分二朱で、蔵米一五〇表を八一両一分で購入している記録がある[*57]。

〈二〉 松方デフレの影響による撤退と新たな活路

一八八〇年代前半は松方デフレの影響で、一般に北前船経営が苦しい時期であり、多くの北前船主が海運業から撤退したという（今町の木南家などは一八八〇年代前半に海運業から撤退したと考えられる）とされている。それに対し伊藤家は、所有船数を維持しつつ、北海道産魚肥取引に活路を見出した。[*58]

「…伊藤家廻船の運賃収入（長谷川注―伊藤家は北海道商人としての経営が軌道に乗ると運賃積に従事するようになった）を積荷別にみると、一八八五年時点では北海道産魚肥が最も多く新潟県―北海道間の玄米と小樽―新潟間の石炭がそれに続いた。一八九九年一月から一九〇〇年六月には、新潟―小樽間の玄米が最も多く、小樽―瀬戸内・畿内の魚肥が続いたが、小樽―新潟間の石炭輸送に加え、門司―直江津間のセメント・石粉輸送も行った。

（注：伊藤家は一八九〇年代後半小樽に本店を開設、一九〇四年に撤退している）[*59]」。

追記：中西『海の富豪の資本主義』巻頭地図（viii）によると、一九三四年一一月時点の日本海定期汽船航路は二社が運営しており、日本郵船会社の神戸・小樽西廻り線は、神戸↓尾道↓下関↓境↓敦賀↓伏木↓直江津↓新潟↓加茂↓酒田↓土崎↓能代↓函館↓小樽となっている。

他方、大阪商船会社の大阪・北陸・北海道線は、大阪↓神戸↓境↓敦賀↓伏木↓直江津↓新潟↓酒田↓土崎↓船川↓函館↓小樽となっている。直江津が両社の定期航路に入っていること、小樽が最終目的地であることは注目すべきことである。小樽の建物、特に運河沿いの倉庫群は有名な観光地であるが、当時の豪商たちの活躍を偲ばせる。

まとめ

本章を執筆するにあたり、当初は貞応年代（一二二二〜一二二三）の「廻船式目」に三津七湊の一つに挙げられていた時代から歴史的沿革を辿る予定であった。[*60] ところが、資料を読み進めていくと、今町とよばれていた直江津は、中世の頃立派な港町であり繁栄していた商業都市であったことを知った。また町史の分厚い資料の中で、危うく素通りしそうになった春日新田開港反対の嘆願書をみて強く心を動かされ、今町の幕末維新の様子をより多くの人に伝えたいと思った。

そこで急遽全体の構成を変更することになり、前半は幕末維新の今町編、後半は室町時代から近代前期までを中心に、山あり谷ありの今町湊の変容、特に経済的な側面に重点をおき記述することになった。

上杉時代の今町の繁栄には目を見張るものがある。上杉氏は湊を直轄化し、税の優遇策を設けるなど海運政策の振興に力を注ぎ、それによって莫大な利益を上げたともいわれている。青苧座のことも強く関心を持ったが、巻末注で若干言及するに止まった（現在上越に青苧の技術が伝承されていないのは大変残念である）。

さて、江戸時代は高田藩や幕府の統制の下で、今町商人の経済活動が大幅に制限されていたという。高田商人との確執については上越市史、天王町史の記述を参照されたい。天王町史が「しかしながら、これが封建時代のシステムである。逆に直江津今町は、他の海岸や川沿いの集落に対して、港湾業務や河川運送に関し、排他的な大きな特権を与えられたのである」と述べているように、[*61]この排他的特権があったからこそ、冒頭の「新潟港新規通川反対」や「春日新田開港反対」が認められたのであると思われる。

明治期に入り、豪商たちは汽船を所有し全国展開の商取引をしていた（その他の商人は佐渡をはじめ、富山や石川県の能登など比較的近距離を帆船で往復していた）。また鉄道の開通により、港で揚げた製品を信州その他に運ぶことがより活発になった（嘆願書の冒頭に書かれている通り、鉄道開通以前にも今町を拠点として信州、甲州をはじめ様々な地方に運んでいた）。今般執筆調査中、市内にある古い鳥居や灯籠に尾道産の大きな石が使われていることを知り、改めて湊（港）と西廻り航路が果たした役割を実感した次第である。本章で記述出来なかった分は、別途余勢夜話で御紹介したいと思う。

なお、用語について若干の断わりを入れさせていただくと、資料により回漕と廻漕、回米と廻米いずれも使われているため、原典引用のときはそのまま、他は廻漕、廻米の方を使用した。また旧漢字は一部現代漢字に直してある。

［註］

（１）『上越市史通史編５　近代』（上越市、二〇〇四年）七三頁以下参照。

（２）これら三名の世話人については屋号も刻まれている。高橋廻漕店は丸印の中がアルファベットのＴとなっている。

（3）国会図書館HP大正五年の貨幣価値を参照して換算。

（4）老川慶喜『港湾と鉄道との関係調書』（日本経済評論社、二〇〇三年）二八六頁。

（5）老川前掲書（二八五～二八六頁）。

（6）『直江津町史』（一九五四年）三五七頁「汽船は文久年代既に敦賀に入津したと云ふまた明治元年八月に桑名藩の婦女子は柏崎から外国汽船によって敦賀へ送られたといふ。戊辰の役に英国汽船は官軍の軍需品輸送の為め新潟へ廻漕して居った。直江津古老たちは此頃沖合遥かに黒船を見たと云ふのは或いは此の外国汽船ならんか。

直江津へは明治六年汽船新潟丸は新潟直江津間を定期廻漕を始めた時始（ママ）めて入津を見た。此頃より日本海にようやく汽船時代が訪れ始めたのである。」

『わが町　天王町の歩み―遥かなる直江津の歴史とともに―』天王町誕生五十周年記念誌編纂委員会・編集委員会著作（北越出版、二〇〇九年）五七頁では、さらに具体的な記述がある。

「糸魚川から入った官軍側から、高田藩は朝敵と疑われていた。上越の地も戦禍に巻き込まれる寸前となったのである。この時、北海道官軍を先導して来た勤皇の志士・井田年之助（直江津今町の新町の廻船問屋の息子）が郷土のために奔走したこともあって、高田藩は許され、直江津今町は戦禍から逃れたのである。

この戊辰戦争の間、直江津今町は官軍の集結地となっている。中嶋町に長州藩、片原町・中町に薩摩藩が宿泊している。『上越市史』によると宿泊費や食費は諸藩のつけ払い証文［印鑑札］で支払われた。しかし、維新の混乱の中で、清算されないものもあったようである。」

（7）町史二八四頁。

（８）（原文は以下の通り—旧漢字一部現代漢字に訂正）
福永文書　天保一二年　御用留
「越後国頸城郡直江津今町湊之者共一同御願奉申上候、当津之儀者田畑等は壱畝壱歩も無之、諸国海陸より交易之諸品引受取捌仕候場所にて湊入込之諸廻船諸荷物専ら商方取引仕候ニ付所々商人共数多入込ミ諸品売買いたし渡世相続仕候、然ル処今般当国新潟湊より信州丹波島其外所々へ千曲川犀川筋新規通船入拾艘、売買之諸品運送通船之儀、五ヶ年之間御見試被仰付候旨右川筋村々へ其支配御役所より御触書を以て被仰渡候趣き承り驚入候、右は是迄商人とも当湊入津之諸品信州善光寺、上田、小諸、其外上州、甲州辺並ニ飯山、須坂、松代、飯田等へ附送り猶又其向々より国産之品物等引き受け当湊より船積に仕り越中、加賀、能登は勿論、佐渡松前其の外諸国へ相廻手広に売買仕り湊之潤沢に罷成候処右様新規通船仰付候ては自然と当津出入之諸品相減し畢意今町湊衰微仕相続方差支歎敷奉存候間何卒御慈悲を以て新規通船御差留に罷成候様奉願上候、尤願之通被仰付被下置き候はゞ御慈悲と一統難有仕合いに奉存候　以上」

（９）その後新潟は、安政五年（一八五八年）、日米修好通商条約により神奈川、兵庫、長崎とともに開港した（下田は閉鎖）。これに先立ち安政元年（一八五四年）には日米和親条約が締結され、下田、函館が開港していた。

（10）町史二八六頁。なお「春日新田」の名称由来については、春日山から町が関川（荒川）右岸に移されたことに起因する。『天王町史』三三頁参照。

（11）町史二八六〜二八七頁。二八六頁には春日新田開港の議の具体的内容が列挙されている。

（12）乍恐以書附御歎訴奉申上候
直江津今町湊、丁頭熊田又兵衛外九人共、乍恐御歎訴奉申上候、此度春日新田駅にて御用物は勿論民生養育之品々、直江津今町に不レ抱、開津、且つ矢代川船下ケ不二相障一様致度旨、御談合有之候趣に御

座候旨、被二仰聞一奉二驚入一候、今町之儀者、往昔より湊役相勤め、田畑少も無二御座一候、湊付き家業一式相守諸国之廻船引受、自他国産之品物取捌、売買之利を以、船問屋始メ廻船稼、其外小前末々に至る迄、夫々渡世相営、殊に川筋之儀は従来何れの川々も当湊より川船通無二差支一仕来候儀にて御用物ハ勿論、諸商物取扱、一同妻子養育罷在候

然ル処今般、御進軍諸家様（会津征討軍のこと）方大数之御人数御軍用之御荷物、海陸御運送之儀迄、当湊におゐて御継立等、不レ限二昼夜一抛二身命一尽力周旋、御用向大切と相心得、御弁用罷在仕候処、春日新田宿へ開津之旨被二仰聞一、在来宿村之儀二而海岸一無レ之、田畑耕作等専らに御座候、今町之義ハ前件之通り田畑無二御座一、開闢以来湊稼諸国取引ニて日々取続在レ罷候処、右様開津被二仰附一稼業相離候てハ、大勢之者共、行方無之、一統必死と難渋に陥り悲歎罷在候、元来当津湊口、至て狭浅、沖掛り場所にて何れの大船にても間々時化（シケ）立、難事有之、北海荒灘に御座候故、湊付渡世之外、別業も無二御座一候間、乍レ恐、在来之通、被二仰付一被下置候様奉二願上一候、無レ左候てハ千五百軒余之者共露命、可レ繋様無レ之、誠以て歎ケ敷奉レ存候、

此段御聖慮被下置・深厚之御仁慈を以て春日新田宿にて開津並八代川船下ヶ之事件御廃止被二成下一候様、幾重御歎訴奉二申上一候

右顧ひ御聞済被下置候ハヾ今町湊数多之者共、一統偏に莫大之御救助と難有仕合奉レ在候、以上

慶応四年辰九月十九日　　今町丁頭連署連印

御奉行所

大肝煎、大年寄　奥書連印

(13) 長谷川注—陳情書が提出された慶応四年九月一九日は、会津戦争が終盤戦に入った頃である（同年九月

二二日若松城開城）。

(14)『上越市史資料編６　近代』（上越市、二〇〇二年）二七五〜二七六頁。

(15)『上越市史通史編５　近代』（上越市、二〇〇四年）七七頁。

(16)渡邊慶一「中世における直江津港」『頸城文化　四〇号　特集　直江津』（上越郷土研究会、一九八一年）一頁。

(17)青苧は頸城野文化事典によると「苧（お）、カラムシとも呼ばれ中世には盛んに栽培され、その皮から繊維をとり布に織った。越後の布は質が良く、［越後上布］と称され珍重された。上杉時代、越後の重要な産物で、謙信は青苧座を支配し、京都などの交易によって莫大な利益を得ていたという。しかし、上杉氏の会津移封後は、青苧畑も布の生産も減少し、今は織る技術を伝承する人もほとんどいなくなってしまい、県内では十日町、小谷市塩沢（南魚沼市）、県外では会津、米沢などに細々と受け継がれているに過ぎない。青苧は、現在、当地では栽培放棄され、丈一メートル以上の雑草として土手などに繁茂しているが、製品化には適さない」となっている。会津、米沢で受け継がれているのは、上杉時代直江兼継の指導によるものがそのまま残っているということだろうか。地元の村おこし、町おこしの重要な品となっているようである。詳細はインターネットの関連ＨＰ等を参照されたい。

(18)町史二六八頁。

(19)小林弌『近世日本海海運と港町の研究』（国書刊行会、一九九二年）五三六頁。

(20)ただし、秀治の子、堀直竒は「長岡藩主時代に新潟町に対して諸役免除の特権を付与し、新潟新町の建設を行った。直竒のこの政策は、次の藩主牧野氏によって継承強化され、新潟町の一大発展をみるに至るのである」小林前掲書五四一頁。（注―新潟町は長岡藩の領地であった。）

(21)町史二七六〜二七七頁。

(22) 河村瑞賢の航路開拓以前にも「天正十六年段階で西回り海運が成立したということができよう。この頃は秀吉が天下統一者であることが名実ともに定まってきたので諸国の大名たちは争って大坂に参上したが、その結果として以上方との西回り海運も成立したというわけである」としてすでに西回り海運があったことを指摘している。小林前掲書五三八頁。
(23) 小林前掲書五四二頁。
(24) 町史二六九頁。
(25) 町史二八二頁。
(26) 町史二六九頁。
(27) 中澤肇『直江津の昔と今』(柿村書店、一九六七年)一三〇～一三一頁。
(28) 中澤同書一二七頁。
(29) 中澤同書一三一頁。
(30) 天王町史五〇頁。
(31) 町史二九四～二九五頁。
(32) 町史二九五頁。
(33) 天王町史五〇頁。
(34) 「近世紀日本海海運有力船主一覧」中西聡『海の富豪の資本主義　北前船と日本の産業化』(名古屋大学出版会、二〇〇九年)一四頁。
(35) 『上越市史通史編5　近代』(上越市、二〇〇四年)九五頁。
(36) 冒頭に記述した琴平神社石碑の世話人がここで登場してくる。
(37) 老川前掲書三〇二～三〇三頁。

(38) 中澤肇「直江津今町湊の北前船と回米」『頸城文化　47号』（上越郷土研究会、一九九二年）八九頁。

(39) 中澤前掲書九一頁。同じシリーズ四九号　―川船と船絵馬について―五六～五七頁の中で中澤氏の祖先が回船（廻船）業を営んでいたことが記されている。「安永四年三月一四日持船が難船し、稼業を船宿に替え居多ケ浜の赤岩（通称屏風谷）へ居を移し、冬季、北前船が囲い船として郷津湾から居多ケ浜にかけて、船挙げする船頭たちの宿を営んでいた」この内容から、冬季の船の扱い及び船頭たちの様子が浮かんでくる。また中澤氏の祖父に当たる方が、回船に乗り四国の金毘羅宮参りをされたという話は興味深い。今町から下関を経て、遥か瀬戸内海まで航海された様子が現実味を帯びてくる。

(40) 中澤『頸城文化　四七号』九〇～九一頁。

(41) 中澤『頸城文化　四八号』六六頁。

(42) 中澤前掲書六六頁。

(43) 『上越市史（普及版）』（上越市史編纂委員会、一九九一年）。普及版は上越市の一般家庭にも蔵書されているようである。

(44) 町史三四四頁。

(45) 町史三四三頁。

(46) 中澤前掲書九六頁。

(47) 松永靖夫「郷蔵と廻米関係資料」『新潟県文化財調査年報　第二二　保倉川流域（新潟県教育委員会、一九八三年）四八頁。江戸へ廻米を納めるまでの苦労が資料に基づいて解説されている。

(48) 町史三四八頁。私事であるが、ここに挙げられているルートのうち、花ケ崎から市村までは、上吉野小学校時代、遠足等、徒歩行動範囲であった。

(49) 中澤前掲書九六頁。

(50) 町史五〇二～五一五頁参照。
(51) 町史五一五頁。
(52) 中西前掲書一三頁。
(53) 同書一三頁。
(54) 同書四〇頁。
(55) 同書二三四～二三五頁。
(56) 同書二〇三。
(57) 同書二〇六頁。
(58) 同書二〇九頁。
(59) 同書二二〇頁。
(60) 三津は安濃津、博多津、堺津であるが、堺ではなく坊津という説もある。七湊は西から順に越前三国、加賀本吉、能登輪島、越中岩瀬、越後今町、出羽秋田土崎、陸奥津軽十三湊（とさみなと）である。なお、「廻船式目」は「日本列島全域廻船人のネットワークから作り出された慣習法の集大成といわれている」網野善彦『海民と日本社会』（新人物往来社、二〇〇九年）六四～六五頁。
(61) 天王町史五〇頁。

〈この他の文献〉

・頸城野郷土資料室編『「裏日本」文化ルネッサンス』（社会評論社、二〇一一年）
・上越市史編纂委員会『上越市史　通史編3　近世一』（上越市、二〇〇三年）
・上越市史編纂委員会『上越市史　資料編5　近世二』（上越市、二〇〇二年）

・荻野惣次郎・中戸賢亮・宮崎久雄・佐藤策次『古老が語る直江津の昔』（柿村書店、一九八一年）
・中戸賢亮『直江津ことば』（北越出版、一九七八年）
・花ケ前盛明『上越の史跡と人物』（上越タイム社、二〇〇二年）
・村山和夫『高田藩』（現代書館、二〇〇八年）
・サンライズ出版編『近江商人と北前船』（サンライズ出版、二〇〇七年）
・石塚裕道『明治維新と横浜居留地』（吉川弘文館、二〇一一年）
・金森敦子『芭蕉はどんな旅をしたのか—「奥の細道」の経済・関所・景観』（晶文社、二〇〇一年）など

【余勢夜話】

保倉・直江津―思い出すままに

長谷川　和子

昭和中頃の頸城

わたしが生まれたころは、中頸城郡保倉村でした。小学校に入ってすぐ直江津市となり、社会人になってから高田市と合併して上越市となりました。現役最後の仕事に就いたとき、上越市には平成の大合併がありました。このように人生の節目で行政区名が変わっていきました。

保倉村はほぼ保倉川に沿ったのんびりとした農村地帯にあります。もう少し細かく言うと、川沿いに森があり、その森を抜けると田畑が開け、その前の道路に面して農家の家々があります。我が家の近くの保倉川には橋がかかっていませんでした。つまり遠くの集落まで行かないと川向こうには行けなかったわけです。子供にとっては川上や川向こうは未知の世界でした。

裏の畑にいると汽笛が時々聞こえてきました。頸城軽便鉄道が保倉川沿いの対岸集落を抜けて広がる田園地帯を走っていました。一番近くの駅が百間町でした。

小学校一年生のとき、遠足で上吉野から百間町駅まで歩き、百間町から新黒井駅までは五．四㎞を軽便鉄道に乗り、そこから歩いて直江津海岸へ行きました（軽便鉄道が廃止となったのは一九七一年、社会人一年生の年でした)。

直江津海岸は現在と異なり、砂浜はそれほど侵食されていなかったので(もちろんテトラポットなどなく)、砂浜で昼食をとりました。大きな口を開けて、おにぎりを頬張っているところを写真に撮ってもらい嬉しかったのを覚えています。直江津海岸の思い出はそれが最初です。直江津港が昔、今町湊と呼ばれていたときの繁栄ぶりを知る由もありませんでした。

懐かしい直江津言葉

中戸賢亮氏が『直江津ことば』で書いているように、直江津の人は言葉を上手に使い分けることができます。土地の人同士で話すときと、他地域の人が一緒のときでは違うのですね(アクセントの違いはありますが、訛りがほとんどないので上京してから言葉ではあまり苦労せずにすみました)。

確かに中戸氏が指摘されるように「[あなたどちらへ」と言った口がおさまらぬうちに[おまんどこへいきなるやあ」と、隣の人にしゃべるようになったのである。これは驚くべきことである。」これは直江津に港があって古くからいろいろな地方から人が出入りしていたことと関係があるようです。

ＮＨＫの朝のドラマを見ていて、出雲の方言に似ているのがあるので驚いたことがありました。出雲地方で「だんだん」というのは「ありがとう」という意味のようですが、私が幼いころ近所の人が別の意味で挨拶に使っていたような気がします。念のため『日本国語大辞典』第二版・第八巻

（小学館国語辞典編集部、二〇〇四年）で「だんだん」という言葉の方言としての用法を調べてみると、「ありがとう」のほかにも、いくつもの意味があることが分かりました。そしてその中の「はなはだ。たいそう。非常に。」の項目に、「新潟県中頸城郡」の方言資料が挙げられていました。同じ項目には、「富山県砺波」や「石川県石川郡」の方言資料も挙げられています。

そういえば、昔近所の人が我が家に食事に呼ばれて帰るときには「だんだんごっつぉんなりました（なりやんした）」と言っていたような気がします。「だんだん」のこの用法は、石川、富山の港町を経由しながら今町（中頸城郡）にも伝わったのかもしれません。現在はあまり使っていないようなので分かりませんが、日本海側の港々に人や品物を運ぶだけでなく、文化も言葉も運ばれてきたのでしょう。

それから「御寮さん」という言葉ですが、檀那寺の奥様が「ゴリョンサン」と呼ばれていました。時代小説に出てくる大坂の大店の奥様もそのように呼ばれていることが多いのですが（「ゴリョンハン」となりますか?）、それは上方からの影響でしょうか。格式が上の人への敬称という範疇でとらえれば納得がいきます。まだ他にもたくさんあると思いますが、今回はこの辺で。

女子衆（おんなごしょ）

『湊から港へ―直江津港の歩み―』（直江津港湾協会、一九九二年）七頁には〝女ごしょ〟のはしけ荷役（昭和二〇年代）の写真が掲載されています。

また『古老が語る直江津の昔』に出てくる写真に「荷役の女ごしょ」が紹介されています。ここでも、中戸賢亮氏が、古老たちと語る言葉に「あれは関東大震災の時かねえ。東京がえらい災害だっていうんで、高助さんが直江津の女ごしょを連れて行きなったことがある。それであんた、東京で荷役のふうでやったでしょう。でっかい荷を背負って歩く。東京の人はたまげたってねぇ。あれが女かーせったって言うんだ」、女性の沖荷役は他の港にはいなかったともいわれています。

それから荷役の女ごしょの話は『天王町史』六六頁にも紹介されています。昭和五八年の新潟日報に掲載された記事です。「今は昔　花の直江津浜通り」で副題が「豪商を支えた女子衆」となっています。岩島ウメ（当時七五歳）さんが「まあよお背負いましたこて。米俵（六十kg）なんて一番手頃な方で、魚のしめかす二十六貫（九七．五kg）大豆の絞りかすは二枚で三十貫（一一二．五kg）…石臼重ねて背負ってるみたいなもんだわね。…」と語っておられます。これを読み、背骨がよく折れなかったものだと驚くやら感心するやら、怪力ですね。産地の米はもちろんですが、魚のしめかす、大豆の絞りかすなどの肥料が彼女たちの背中を通して直江津の港から全国に運ばれていったのですね。

気は優しくて力持ち、よく働くのが越後女、特に直江津の女性は働き者だった（今も）ようです。「女ごしょ」という言葉は、沖荷役以外でも女性への呼称として使われ、よく耳にしました（現在実際に使っている人は昭和二〇年代生まれの人くらいまでのようです）。

「カミナリ」のおばさん

保倉は、直江津の町から七、八キロ離れていたので、いろいろな行商の人たちが来ていました（地元の人以外はみな「旅の人」で、地元以外に住むことを「旅へ行きな（さ）った」ともいいます。「旅」は旅行のことではなく、「他地域」という意味に使われているようです）。

富山の薬売り（こちらは有名です）、九州の薬売り（「按摩膏」という膏薬が有名だったと思います）、衣類・日用雑貨・生魚などいろいろ扱う人、また生魚専門に売る人がいました。直江津の中心地区砂山の魚屋さんも、自転車に何段も木の箱をのせ、砂利道を走って魚を売りにきていました。特に魚屋さんのサバとイカは美味しかったです。新鮮なのが当たり前なので、イカの刺身はよく食していました（新鮮な生イカを食べたことがなかった都会の友だちと若いころ、「イカを生で食べることが出来るか否か」で論争をしたことがありました。「当たり前」が通じる所とそうでない所があるのですね）。

なかでも印象に残っているのは（魚屋さんが行商に来る前）、生魚を入れた重いブリキ缶（箱）を担いで行商をしていた「カミナリさ（ん）」と呼ばれていた中年の女性です。

おばさんは、行商をしながら適齢期の男女の縁結びもよくしていたようです。おばさんが歩いて行ける行動範囲ですから、あまり遠いところの人は無理で、「どこどこのかあちゃんは沖柳（増田、広田、島田などなど）から嫁に来な（さ）った」と言われていましたが、だいたい、大島線（国道二五三号線）沿いか奥の方だったようです。

子供で地域の地図も分からなかったので、だいたい東西南北で、「あっちの方」とか「こっちの方」と思っていましたが、今度直江津プロジェクトの原稿を書くにあたり、江戸末期の古地図の復刻版をみたところ古い集落がそのままあり、わが御先祖の爺様や婆様が頸城野のどのへんから婿さんや嫁さんにきたのか分かりました。「カミナリさ（ん）」以外の世話人さんも、やはり近くで縁談をまとめていたようです。現代にも「カミナリさ（ん）」がたくさんいたら、男女が婚活に苦労しなくてすむのに、と思います（なお本稿校正中、縁続きの幼馴染がおばさんの世話で結婚したことがわかりました。彼女の話では、「カミナリのおばさん」は「カミナリのばあちゃん」となり、長寿をまっとうされ、百歳近くでその生涯を閉じられたそうです。又、世話人二組目の方が、九十歳を過ぎた今もご健在ということでした）。

「物流拠点としての直江津」余話

・八坂神社の石の鳥居について

明治以降、直江津駅ができてから八坂神社では、海の方角に建てられている従来の鳥居とは別に、駅前通りの方角にも石の鳥居が建立されました（本項の写真参照）。石は広島県の尾道から運ばれ、石工（「いしだくみ」と読むそうです）は寄井弥七（「寄」は正しくは、ウカンムリに立つと書きます）と刻まれています。重い石は、西廻り航路の船で運ばれてきたのでしょう。

・琴平神社、芭蕉の句碑

海運の神様「琴平神社」を本文で御紹介しましたが、神社内には有名な松尾芭蕉の句碑があります。「文月や六日も常の夜には似ず」と刻まれています。芭蕉は「奥の細道」の途中、今町にも宿泊。当初は寺に泊まる予定だったところ、その寺が忌中でとりこんでいたため、急遽、古川市左衛門宅に泊まることになったようです。晩には句会が開かれ、そのときに作ったのが「文月や…」の句であったそうです。古川家（旧古川屋旅館）では先祖代々その話が受け継がれていると、現在の御当主である古川永さんにお話を伺うことができました。

・明治時代の宿賃

現在も直江津駅前で旅館として営業を続けている附船屋さんでは明治三八年の銅板製の宿泊料金表を見せていただきました。一泊二日の料金は、一等が一円五〇銭、二等が一円、三等は八〇銭と決められていました。「但御憩、御方席料中受候事願室内定員マデハ御合客ノ願［　］（一字判読不明）アルベシ　右之通仲間一同協議之上相定候　直江津組合　旅人宿取締　明治三八年二月」休憩の場合は定員まで「合席可」というところまで決められていたようです。一円をだいたい今の一万円くらいに換算すると何となく納得がいきます。

今回、今町湊と呼ばれたころの直江津港の繁栄と先人の苦労に触れる機会をいただきました。筆者の未知の領域故、至らないところが多々あると思いますが、ひっそりと図書館の片隅で眠っていた資料のほんのわずかの部分でも今の時代に再登場し、現代の人たちにも共感していただけるものとなれば幸いです。

⑦（八坂神社「尾道市」と刻まれた鳥居）

謝辞

今回、直江津プロジェクトの原稿を書くにあたり、上越市の皆様には大変お世話になりました。直江津図書館、公文書館、港湾協会の職員の方々には資料提供に細やかなお心づかいをいただきました。

フィールドワークでは、船絵馬の拝観及び鳥居の撮影の際、八坂神社神職岩片幸子さんに大変お世話になりました。また岩片さんの御紹介で附船屋さん、旧古川屋旅館さんには御多用のところ聞き取り調査に応じていただき、原稿を書く上で大変励みとなりました。

また、古文書の現代語訳には頸城野郷土資料室の田村敬さんに監修をお願いし、難問解決の突破口を開いていただきました。また縁起堂の袖山寿美子さんにも昔の直江津の文献のことで大変お世話になりました。

第三章　ダン一家と直江津

——「赤煉瓦の異人館」案内板からの出発——

瀧田　寧

④「市之町」バス停付近に建つ「赤煉瓦の異人館」案内板

一 「赤煉瓦の異人館」案内板

ＪＲ信越本線と北陸本線とが交わる直江津駅。その直江津駅の改札口を出て、北口の駅前からマルケーバス（頸城自動車株式会社）の浜線（犀潟・鵜の浜・柿崎方面行き）に乗り、直江津港を過ぎると、新日鐵住金前、診療所前、そして市之町の順に停留所が続く。この辺りは、新日鐵住金や信越化学の工場が並ぶ地帯である。そのバスを市之町で下車して、道路を渡り、少しだけ黒井方面に向かって進むと、信越化学の北門の手前のところに、「赤煉瓦の異人館」という案内板が建っている。そこには、明治時代、エドウィン・ダンという人物（元駐日アメリカ公使）が石油精製工場を造るため直江津に来たこと、またこの案内板の近くに、ダンをはじめとして、その工場に勤務する二十名以上の外国人の集団寄留地も造られたこと、そしてその寄留地の建物が「赤煉瓦の異人館」と呼ばれていたことが記されている。

本稿は、この場所を出発点として論述を始めたい。この案内板自体は、県道四六八号線[*1]（大潟上越線）に面して建てられており、前述のようにバス停留所の近くでもある。したがって、意識をしていればすぐに目に留まるはずのものである。ところが、この意識を向けるということが、意外と難しいかもしれない。というのも、ダンが百年以上も前にこの地に造った会社や工場が現在も残っているわけではないので、現状を見ているだけでは、「どこにでもある工場地帯の一角」としか意識しようがないからである。

私たちは普段、現状にのみ意識を集中しがちである。しかしながら、そこから少し遠くを眼差し、現在に至るまでの歴史を見遣ると、ローカルな案内板一つが、実は全国各地の郷土史や教科書に登場する歴史と繋がっていることが分かる。筆者自身も数年前のこの案内板との出会いをきっかけとして、明治初期の東京や北海道の歴史に触れたり、高等学校の日本史の教科書を再読したりすることになった。それまでは、この案内板が建つ地にそれほどの歴史が埋まっていることに気が付かなかった。

私事で恐縮であるが、筆者が直江津小学校に在学中、母の実家が市之町にあり、そこでは祖母が健在であったので、時折遊びに行くことがあった。当時住んでいた家から最寄りの停留所は「西本町一丁目」で、そこから浜線のバスに乗り、「市之町」で下車して、バス停近くの理容店で散髪してもらってから祖母の家に行く、というのが、一つのルートであった。したがって、この案内板が建つ場所は、小学生の頃から馴染んでいたはずだった。しかし数年前にダン一家の研究を始めるまで、この近辺に直江津小学校の校歌の作曲者ジェームス・ダンが住んでいたことは、知らなかった。当時の直江津小学校にあった郷土室にしっかり意識を向けていれば、そのような無知を避けられたのかもしれないが、小学生時代の筆者は、校歌自体に魅かれることはあったものの、また作曲者が外国人の名前であることが印象には強く残っていたものの、それ以上の関心を持つことがなかった。また、市之町を歩く時には、そこが古城小学校の学区なので、そもそも直江津小学校を意識することがなかった。このような次第で、筆者の中では、ジェームス・ダンと市之町とがまったく結びつかなかった。ところで、この案内板には「平成三年」と記されている。確かに、筆者が通っていた昭和五十年代半ばには、このようなものを見かけた記憶はない。しかしながら、当時もしあったとしても、前述のように「学区が違う」という意識が強ければ、見落としていたかもしれない。ともかく筆者にとっては、数年前のこの案内板との出会いが、ダン一家の研究へと深入りをするきっかけとなった。

二　エドウィン・ダンとはどのような人物か

それでは、ダン一家とは、どのような人たちなのだろうか。まずは、案内板にも記されているエドウィン・ダンについて、見ていくことにしよう。

エドウィン・ダン（一八四八年七月―一九三一年五月）は、農業及び畜産業の指導者、外交官、そして実業家として、明治・大正期の日本で活躍したアメリカ人である。

ダンは、一八四八（嘉永元）年七月一九日、アメリカ合衆国オハイオ州チリコシに生まれ、父の経営する大牧場で育った。一八六六（慶応2）年にマイアミ大学を中途退学してからは、父や叔父の牧場の手伝いをしながら牛馬の飼育法を学び、一八七一（明治4）年からは独立して、従弟と共同で牧畜業を営んでいた。このように、ダンが牧畜業への道を本格的に歩み出していた頃、ダンの父の牧場へ、たまたま、ある男性が日本の開拓使（明治維新の直後、政府が設置した北海道開発のための官庁）からの注文を受け、牛を買いにやって来た。彼は、当時開拓使の顧問を務めていたホーレス・ケプロンという人物の次男で、A・B・ケプロンという家畜仲買人だった。ダンは、このA・B・ケプロンに勧められて日本行きを決意し、一八七三（明治6）年五月五日からの一年契約（仮契約）をシカゴで結び、北海道開拓のための御雇外国人として同年七月九日、牛とともに横浜港に到着した。そして来日後に結ばれた正式契約は、その後、一八八二（明治15）年二月の開拓使廃止後も更新され続け、結局一八八三（明治16）年一月三一日まで、ダンは御雇外国人としての契約を続けることになった（開拓使廃止後は農商務省と契約）[*2]。つまり、一年だけのつもりの日本滞在が十年になったのである。

その後ダンは一旦帰国するが、翌年には駐日米国公使館書記として再び来日し、以後一九三一（昭和六）年に東京で亡くなるまで、日本に住み続けた。一時帰国した時期を除いても、六十年近くもの間、ダンは日本で暮らしたことになる。その間、北海道では農業・畜産業の指導者として大きな足跡を残し、現在でも札幌市真駒内[*3]にある「エドウィン・ダン記念館」には、多くの人が訪れている。外交官としては、駐日米国公使にまで昇進し、日清戦争の早期終結にも尽力した。そして公使退任後は実業家として、直江津での石油事業や三菱での造船事業を通じて、日本の近代化に貢献した。

三　エドウィン・ダン――直江津に来るまで

次に、ダンが来日してから直江津に来るまでの足取りを、少し詳しく追っていこう。

一八七三（明治6）年七月九日に横浜に着いたダンは、まず、開拓使が東京に設置した「第三官園」という畜産試験場に勤務する。そこは明治政府が開拓使の官園とするまで、下総国の佐倉藩第六代藩主・堀田正倫《まさとも》（第五代藩主で幕末の老中・堀田正睦の四男）の屋敷であった場所で、現在は、日本赤十字社医療センター、広尾ガーデンヒルズ、そして聖心女子大学が並ぶ一帯となっている。[*4]

ダンが札幌に転勤となるのは一八七六（明治9）年である。ただし、その前年（一八七五（明治8）年）の五月から一〇月にかけて、函館近くの七重《なな え》官園での技術指導や、札幌官園、新冠牧場の視察を行うため、ダンは北海道に出張している。そしてその七重滞在中に出会った松田ツル（一八六〇―一八八八）という青森県出身の女性と恋愛の末結婚し、一八七八（明治11）年には長女ヘレンが生まれる。[*5]

一八八二（明治15）年に開拓使が廃止されると、ダンは妻子を連れて東京に移る。翌一八八三（明治16）年、日本政府は、ダンが約十年間にわたり北海道の農業、畜産の事業計画と整備に従事した功績を評価して、勲五等旭日双光章を授与する。[*6] ダンは同年、長女ヘレンを連れ、妻ツルは日本に置いて、一旦故郷のアメリカ・オハイオ州に帰国した。アメリカでは、ヘレンを実家に預け、家族との生活の場を求めて西北部を旅行するが、適当な土地を見つけられなかった。そして翌一八八四（明治17）年、ダンは、今度はアメリカ政府から駐日米国公使館二等書記官を命じられ、再び来日する。その際、ヘレンは日本に連れて帰らなかった。外交官夫人となったツルは、東京の社交界で活躍するが、一八八八（明治21）年一〇月二三日、二八歳の若さで病死する。死因は慢性胃炎であった。*[7]

その後ダンは、一八九三（明治26）年に駐日米国公使に昇進し、翌一八九四（明治27）年、中平ヤマと再婚する。なお、直江津の郷土史家・渡辺慶一氏はヤマとの再婚について、「〔明治〕二十六年〔＝一八九三年〕、世話する人があって、東京の元旗本中平次三郎の妹ヤマを後妻に迎えました」（〔 〕は筆者の補足）と述べているが、*[8] 本稿では、ヤマとの結婚が成立した日については、「エドウィン・ダン記念館」が所蔵するダン家の家系図の記載（一八九四年七月二九日）に従うこととする。

外交官としてのダンは、一八九四（明治27）年から一八九五（明治28）年の日清戦争において、アメリカ政府の立場で活躍する。ダンは北京駐在のデンビー公使と協力して平和交渉を行い、戦争の早期終結に貢献した。この功績に対し、日本政府はダンに「勲一等旭日章」を授与することになった。しかし、アメリカ合衆国政府の役人は、アメリカの議会で特別に認められるのでなければ、外国政府から勲章を受けることができないことになっていた。そして今回は、その特別な場合に当たらないとアメリカ政府は判断し、この件を議会に提出できないと日本側に伝えてきたため、この叙勲は停止となった。*[9]

一八九七（明治30）年、本国アメリカの政変により、ダンは公使を辞任する。その後、ダンは引き続き日本の発展のために貢献したいと考え、直江津で石油事業を起こすことになる。直江津に石油工場を造ったのは、「赤煉瓦の異人館」案内板の説明にあるように、ダンが当時の新潟県の石油ブームに着眼したことに始まるようである。ただし、本稿ではダン一家の人物紹介に主眼を置くので、石油会社設立の経緯については詳述しないことにする。*10

四　妻　ヤマ（一八七六年六月―一九〇六年六月）*11

次に、公使時代から直江津時代にかけてのダンの私生活に目を向けてみよう。恋愛の末結ばれたツルを亡くした後、悲しみを抱えながらも外交官としての活躍を続け、ついに駐日米国公使にまで昇進したダンは、前述のように、今度は紹介によって、中平ヤマと結婚することになる。この紹介の経緯を、「ダンと町村記念事業協会」の吉田稔氏は次のように述べている。

…ダンは酒席で知り合った「おこう」さんと云う芸者に結婚を申込んだ。新橋や赤坂で羽振りをきかせた彼女には日本のある実業家との婚約があり、彼女は自分の代りに妹を貰ってくれとの話であった。これが夫人となった中平ヤマさんである。ヤマさんも異国の大男の嫁さんとは少し驚いたが姉のすすめで結婚した。（中略）ヤマさんの父は幕末江戸住いの武士であった由である。*12

渡辺氏も前述の引用文中で「東京の元旗本中平次三郎の妹ヤマ」と述べているので、ヤマが武士の家の出身であるという点では、両者に大きな食い違いがないと言えよう。さて、ヤマと再婚したダンは、四人の男子（長男・エドウィンＪｒ．、次男・ジェームス、三男・ジョン、四男・アンガス）を得る。後述のように、このうち三男までは直江津小学校に通い、四男は、ダン一家の直江津滞在期間中に生まれている。ところがヤマは、直江津滞在中の一九〇六（明治39）年に亡くなる。三十歳の若さであった。ヤマの死因と葬儀について、まず渡辺氏の記述を紹介しよう。

賢妻ヤマは〔明治〕三十九年〔＝一九〇六年〕六月十五日、難産（一説には流感）のため黒井でなくなり、本敬寺で盛大な葬儀が行われ遺骨は東京へ送られました。*13（〔　〕は筆者の補足）

まず、死因が「難産」とあるが、四男のアンガスは一九〇一（明治34）年生まれなので、これは五人目の子どもを出産するときだろう。また、葬儀が行われた場所として挙げられた本敬寺とは、当時の八千浦《やちほ》村の黒井にある寺である。ただし、渡辺氏は別の文献では「下荒浜（直江津市）の竜《原文ママ》覚寺」と述べている。*14 下荒浜も、この当時は八千浦村であった。現在のところ、結局どちらの寺で葬儀が行われたのかについては、確固とした資料が残っていないため、地元では不明とされている。[*15]一方、ダン一家の四男・アンガスの長女で存命中のアリスさんを、アメリカまで訪ねて取材をした「エドウィン・ダン記念館」説明員の園家廣子氏は、アリスさんの証言に基づき、ヤマの死について次のように記している。

死因は産褥熱によると伝えられてきたが、アリスさんも〔アンガスの母・ヤマは〕出産時に亡くなったと父〔アンガス〕から聞いているので、やはり第五子出産時に母子共死亡という何とも痛ましいことだった。葬儀は地元のお寺で仏式で執り行われている。[*16]（〔　〕は筆者の補足）

なお、園家氏から提供された他の資料（アリスさんからの園家氏宛書簡）が示すところによれば、アリスさんは「父〔アンガス〕が龍覚寺の僧について私〔アリスさん〕に話した」と書いている（〔　〕は筆者の補足）。ただし前述のように、地元には確固とした資料が残っていない。そのため、現時点で言えることは限られるが、少なくとも、次のように言うことはできるだろう。どちらの寺も、ダン一家が当時住んでいた八千浦村内にある。しかも両寺は同じ通り（県道四六八号線）沿い付近にあり、その通りは「赤煉瓦の異人館」案内板の前をも走っている。したがって、どちらにしても、ヤマの葬儀は八千浦村内の寺で行われ、その寺は、一家の住居のすぐ近くを走る通り沿い付近にある、ということである。

五　ダン一家の直江津滞在

さて、いよいよダン一家の直江津時代である。渡辺氏の『越後府中地方史研究』に掲載されている「八千浦村役場の戸籍簿」によると、[*17]エドウィン・ダンが家族と共に当地に滞在していたのは、一九〇一（明治34）年一月一日から一九〇七（明治40）年七月二五日までであり、その住所は「大字黒井字善次郎」である。つまり「赤煉瓦の異人館」は、八千浦村大字黒井字善次郎にあった、ということになる。これは、案内板から見ると、どの辺りになるのだろうか。まず、その位置を確認しよう。

一八八九（明治22）年、新潟県では新しく町村制を実施することになり、前述の黒井や下荒浜などが合併して八千浦村が誕生する一方、直江津は高崎新田などを合併して直江津町となった。とはいえ、八千浦村の中でも異人館がある黒井は、直江津町に合併された高崎新田に隣接している。実際、「赤煉瓦の異人館」案内板の設置住所は「上越市高崎新田四八―五」である。[*18]ただしその案内板には、異人館が「左方向、赤白煙突のあたりにありました」と書かれている。赤白煙突は、この案内板の前を走る県道四六八号線を黒井方面に進んで行ったところにあり、その煙突の下には現在、「八千浦地区」の標識が建っている。つまり、案内板の説明に従って、異人館があった場所を「左方向、赤白煙突のあたり」と考えると、その場所は、直江津に隣接してはいるものの、住所としては八千浦村の大字黒井、ということになる。しかもここは、上越市公文書センターから得た資料と照合すると、高崎新田に隣接する「字善次郎」である。[*19] したがってここまでは、前述の「戸籍簿」と一致する。ところが、渡辺氏によると、この異人館があった場所は、「もと信越化学の松原社宅地域」である。[*20]「松原社宅」があった位置は、案内板から赤白煙突を見たとき、県道の右側に当たる場所になる。[*21] そしてこの場所も、公文書センターから得た資料と照合すると、高崎新田に隣接する「字善次郎」である。そこで本稿では、地元の方々の証言に従い、赤煉瓦の異人館があった場所を、「案内板から赤白煙突を見るとき、県道の右側に当たる場所」と考えることにする。

次に、ダン一家の住所が八千浦村であるのに、本稿では直江津と記すことについて、少し説明しておきたい。ここまでに見てきたように、ダン一家は直江津に隣接した場所に住んでいた。そして後述のように、子どもたちを直江津小学校に越境入学させるなど、直江津町の人たちとも交流を深め、ダン一家の記憶は、直江津町の人々の脳裏にも深く刻まれることになった。そしてその後、一九五四(昭和29)年には直江津町と八千浦村が合併して直江津市となり、ダン一家の記憶も町村の旧い境界を越えて、現在まで共有されている。以上の経緯を踏まえ、本稿ではダン一家の滞在地を直江津と記すことにする。

ダンと直江津の人々との交流の一端が、『直江津の歴史』に以下のように紹介されている。

ダンが直江津へ来て、石油精製事業をしているうちに、日露戦争が起こりました。直江津町や付近の村から出征兵士があるときは、ダンは必ず日の丸の旗を手にして直江津駅や黒井駅へ歓送に出かけ、餞別を贈り、また戦死者があれば、その家へ香典をもって見舞いにいきました。その金は皆ダンのポケット・マネーでした。また一面、神社・寺院・学校・警察などへ寄付金の要請があれば、必ず名を出さないことを約束して献金しました。ただ一度だけ、直江津小学校へ何かの寄付をしたときに、どうした間違いか、名前を記入されたのが失敗だったと、あとで語っていました。[*22]

このように、ダンは地元の人々と日頃から交流を深めていたので、ヤマの葬儀の時にも、一家が直江津を去るときにも、「会社になんの関係もない町の人や農村の人びとが大ぜい見送りに集まり、別れを惜し」んだ、という。[*23]

この直江津滞在中、ダンは実業家として活躍する。一九〇〇（明治33）年一一月、アメリカのスタンダード石油会社がインターナショナル石油会社を設立し（本社は横浜市）、直江津に工場を建設すると、ダンはそのインターナショナル石油会社の直江津支店支配人を務めた。だが一九〇七（明治40）年、スタンダード石油会社の方針により、インターナショナル石油会社の廃止が決まる。同年六月、アメリカから直江津に持ち込んだ施設の一切を、当時柏崎に本社があった日本石油株式会社（現・JX日鉱日石エネルギー株式会社）に譲渡し、ダンとその家族は同年七月、直江津を去って東京に移る。なお、インターナショナル石油会社の施設を譲渡された日本石油はこの地で一九二三

（大正12）年まで採油事業を続けたが、結局撤退し、その後は一九二六（大正15）年、信越窒素肥料株式会社（現・信越化学工業株式会社）が日本石油の跡地を買い取って新工場の建設を始め、[*24]翌一九二七（昭和2）年から工場が操業に入った。[*25]

六　赤煉瓦の異人館から直江津小学校へ

前節の引用で、「直江津小学校への寄付の時に名前を記入されたのが失敗だった」とダンが語っていたエピソードが登場したが、直江津小学校の記念誌にも、「ダン氏はまた、子弟が世話になるとして直江津小学校の増改築費として、多額の寄付をしている」と記されている。[*26]増改築工事は一九〇二（明治35）年八月から一九〇三（明治36）年一月にかけて行われたもので、[*27]同年四月には、子守学級（二ケ年）も設置されている。[*28]そして翌一九〇四（明治37）年四月には、長男・次男・三男が直江津小学校に在籍していたという記録がある。[*29]もっとも、この当時は「直江津尋常小学校」であり、修業年限が四年であるから、一八九五（明治28）年二月生まれの長男と一九〇〇（明治33）年二月生まれの三男が同時に尋常小学校に在学していたとは考えにくい。[*30]三男は、子守学級に通っていたのかもしれない。なお、長男については、「尋常小学ヲ卒業シ、[明治]三十九［＝一九〇六］年三月退学セリ」（［ ］は筆者補足）と記されている。[*31]

それにしても、八千浦村在住のダン兄弟が、なぜ直江津小学校に通ったのだろうか。渡辺氏は次のように述べている。

本来なら地籍が八千浦村だから、黒井《原文ママ》小学校へ学ぶべきだが、ダンは貧村の全校一人の教師なのを見ておどろき、直江津小学校へ入学させたという。[*32]

引用文中の黒井小学校というのは、八千浦小学校のことである。当時、同校では、南條宇太郎という先生が、一人で階上階下四学年を教えていたという。[*33]では、直江津小学校での生活はどのような様子だったのだろうか。次男のジェームスと同級生であった宮崎久雄氏の話として、下村省一氏が紹介しているところを引用しよう。

三人兄弟は、今のステンレス工場付近にあった松原の中に建てられた白壁づくりの洋館から、人力車に乗って登下校し、車夫は子どもたちの授業が終わるまで、小使い室で待っていたという。学校では三人を特別扱いにし、特別のトイレを作り、成績も別につけたという。当時日本の子どもたちはみんな着物に素足であったところへ、ピカピカの革靴をはき、服を着た外国人の姿は、全く異人というか、王子様というか、とにかく大変なものであったらしい。悪童たちは靴にさわったり、靴の上から足を踏んで、足が痛いかどうか聞いたり、三重の弁当箱の最上段にあるおやつに舌なめずりをして、機嫌をとって分けてもらったり、さては異人はどのようにして用をたすかなど、好奇な目で三人を見ていたという。[*34]

さて、ここで語られる「今のステンレス工場付近にあった松原の中に建てられた白壁づくりの洋館」という描写は、前述の「もと信越化学の松原社宅地域」にあった「赤煉瓦の異人館」という記述と一致しないように見える。しかしながら、ステンレス（この回想が最初に掲載された一九六九年当時は日本ステンレス株式会社、現・新日鐵住金株式会社）や信越化学の工場がある高崎新田には、昔から大きな松林があり、ステンレス工場に近い旧ステンレス社宅の一帯は西の松原、異人館のあった信越化学の旧松原社宅の辺りは東の松原と呼ばれていた。[*35] したがって、厳密に言えば、確かに位置については正確でないものの、「松原の中」というイメージだけで言えば、その回想の通りである。また、もっと大きな視野で捉えて、少なくとも直江津小学校から見たおおよその方向として考えれば、ステンレスの工場も松原社宅も同じ方向にあると言える。一方、その回想からは、直接ダン一家の社宅を訪れたことが窺えないので、「白壁づくり」というのは、おそらく洋館に対して当時抱いていたイメージではないだろうか。

最後に、ヤマの死後、四人の子どもたちの世話をした人たちの存在についても触れておこう。一家が直江津滞在中にヤマが亡くなり、その後、東京へ移住してからも家族の面倒を見たのは、ヤマの母（ただしヤマの死後、七年後に死亡[*36]）と黒井出身のばあや・関川ヤノ[*37]であった。なお、ばあやとしては後にもう一人、ダンが三菱の造船事業で長崎に滞在していた時にダンの世話をしていた東モトが加わる。[*38]

七　直江津を去った後のダン一家

それでは、直江津を去った後のダン一家は、それぞれどのような道を歩んで行ったのだろうか。

まず、インターナショナル石油会社を退いたダンは三菱に迎えられ、最初は長崎の三菱造船所において沈没船の引き揚げ作業などを指揮し、一九一二（大正元）年に三菱東京本社勤務となる。[*39] 一方、家庭生活では、思春期を迎えた四人の息子たちにそれぞれ「お目付け役」を付けるなど、教育にはかなり神経を遣いながらも、休日は家庭サービスに努めていたようである。[*40] そして次男ジェームスが一九二六（大正15）年七月に声楽家で童謡歌手の村山道子と結婚[*41]してからは、ダンも次男夫妻の近くに住んだ。[*42] 次男夫妻は、ダンが一九三一（昭和6）年五月一五日に東京・代々木の自宅において八二歳で亡くなるまで、晩年のダンのもとに通い続けた。[*43]

次に、長男のエドウィン・ダンＪｒ・（一八九五年二月―一九四八年一月）の足跡を見てみよう。渡辺氏は「〔長男〕ネッドはダン氏の親しかった高田出身の滝口正治氏により田　甫《原文ママ》（だんはじめ）という日本名に改め、明治大学卒業後日本石油に勤め」た、と記している。[*44] 渡辺氏はこの記述を含む項目を「横浜の松本恵子女史と、上越市仲町故滝口ウメさんの口伝を主として書きました」と記しており、[45]仲町とは高田の地名であるので、この話は渡辺氏が滝口正治氏の親族から聞いたものかもしれない。一方、「エドウィン・ダン記念館」所蔵の資料によると、長男が團《だん》甫《はじめ》に改名したのは一九二一（大正10）年六月である。また『官報』によると、その前年の一九二〇（大正9）年五月二八日には、日本への帰化が允許《いんきょ》されている。[46]帰化当時、長男は現在の柏崎市西山町に住んでいた。[47]一九一九（大正8）年に長男が西山油田で働いている様子は、日本石油会社の創立者・内藤久寛の自伝の中にも言及されている。[48]帰化し改名した長男・甫はその後、東京に移り、結婚し、二男五女を得る。ダンの孫となるこの七人のうち、一九二八（昭和3）年生まれの長女と一九二九（昭和4）年生まれの長男は、ダンの存命中に誕生している。太平洋戦争中、甫は台湾に滞在するが、戦後帰国し、間もなく亡くなる。甫の家族については、「エドウィン・ダン記念館」に資料が所蔵されている。

　次男のジェームス（一八九八年一一月—一九五〇年四月）[49]は、一家の中では直江津と直接の関わりを持ち続けた唯一の人物である。直江津小学校に学び、東京に移住してからは、慶應幼稚舎（小学校）・慶應普通部（旧制中学）を経て、[50]一九一八（大正7）年三月に東京音楽学校（現在の東京芸術大学音楽学部）本科器学部を卒業、[51]さらに一九二〇（大正9）年三月には同研究科を修了する。[52]そして同年五月二八日、長男と同じ日に、日本への帰化が允許される。[53]ジェームスはこの時、東京の芝区（現在の港区）に住んでいた。[54]その後、一九二二（大正11）年から一九二四（大正13）年にかけてはドイツ（ベルリン）に留学し、[55]帰国後はピアニストとして、またピアノ教師として活躍する。特に教師としては、東洋音楽学校（現・東京音楽大学）や日本大学芸術科［一九四九（昭和24）年からは芸術学部］などで音楽教育に従事した。このうち、一九二九（昭和4）年から一九五〇（昭和25）年に亡くなるまで勤務した日本大学芸術学部音楽学科[56]では、ジェームスと夫人の道子が寄贈した基金による「ジェームス＆道子・ダン奨学金」が、一九八七（昭和62）年から現在まで運用されている。なお、ジェームスの改名の時期は遅い。太平洋戦争が始まった後、一九四二（昭和17）年二月一日発行の『音楽之友』第二巻第二号「消息」欄（一二六頁）に、ようやく「ジェームス・ダン氏、壇治衛と改名」の記事が出る。この改名のエピソードを戦後自ら語っている。以下にそれを要約しよう。

改名が提案されたのは、戦争も日増しに進行し、軍部の勢いがすさまじくなってきて、「放送局などでは、もう大分片かなが問題になっている」時期、銀座五丁目の小料理屋にて、知人数人との恒例の飲み会でのことである。「洋楽家」で「片かな名前」であることを心配した友人たちが、「どうせ変えさせられるのだから早い方がいいではないか、との友情から」、改名案を考えてくれた。そのうち同席した一人が「壇は、講壇、つまりステージだな、それに、頭文字のJを取って治衛《じえい》、治衛《はるえ》、壇《だん》 治衛《はるえ》さん、涙香《るいこう》式でいいね、どう?」と提案する。そしてその三日後には、「ジェームスダン改め壇治衛」と書かれた書類が裁判所から届く。面倒な手続きは、このとき同席した知人がとってくれており、自分はこの改名届に判を押せばよいだけになっていた。[*57]

引用文中の涙香とは、翻案小説で有名な黒岩涙香（一八六二―一九二〇）を指すと考えられる。涙香がアレクサンドル・デュマ・ペールの『モンテ・クリスト伯』を『巌窟王』、ヴィクトル・ユーゴーの『レ・ミゼラブル』を『噫無情《ああむじょう》』と翻案したように、ジェームスのJを日本人に馴染む名前に変えることを意味するのだろう。しかしジェームスは、改名に乗り気ではなかったようで、壇治衛という名前を「親切に変えて下さったからありがとうと言って使っていた」が、戦後はまた、書きやすい元の字に戻してしまった、と述べている。[*58]

そしてジェームスは、このエピソードが刊行された二ヵ月後、一九五〇（昭和25）年四月二日午前六時、東京・吉祥寺の寿美病院で脳出血のため死去する。朝日新聞の死亡記事（一九五〇年四月三日）には、「現在日大芸術科ピアノ教授」と紹介されている。なお、妻の道子は、一九九〇（平成2）年三月七日に亡くなっている。

さて、ジェームスと直江津との関わりについては、二点述べておきたい。

一つは、ベヒシュタインピアノのことである。直江津小学校同窓会の依頼により、一九二八（昭和3）年の御大典（昭和天皇の即位の礼）記念に同窓会が母校に寄贈するピアノとして、ジェームスは当時世界最高と言われた、ドイツ製のベヒシュタインピアノを選定した。そして同年一一月三〇日、直江津小学校同窓会主催の「ピアノ披露大演奏会」において、夫妻で演奏した。[*59] このピアノは現在も同校で使われている。

もう一つは、現在も歌われている直江津小学校の校歌である。ジェームスは、一九三一（昭和6）年九月二八日の直江津小学校の新校歌制定発表会に、作曲者として夫妻で招待されている。[*60] 当時三十代前半であったジェームスは、音楽家としても音楽教師としてもこの年は多忙であった。例えば、前述のようにこの年の五月一五日に父が亡くなったのだが、その日もジェームスの独奏会が日本青年館で開催されており、父の最期には演奏会の姿のまま駆け付けている。[*61] また同年末発行の『音楽年鑑』[*62] によると、当時は四つの学校（東洋音楽学校、成城学園、日本大学芸術科、東京音楽園）で教えており、学校行事としての演奏旅行にも参加している。[*63] さらにこの年は、当時「洋琴ノ世界的巨匠」として知られていたばかりでなく「有名なピアノの教育家」でもあったドイツ国立ベルリン高等音楽院教授レオニード・クロイツァー氏を招聘して行われた特別講習会の会員に名を連ねたり、[*64] 春秋社版『世界音楽全集』の編者として、その第二八巻を刊行したりもしている。[*65] そして意外に思われるかもしれないが、ジェームスは日活映画の主題歌「瞼の母」の作曲も手がけており、その楽譜の刊行もこの年である。[*66] 直江津小学校で八十年以上経った現在も歌われている校歌は、ジェームスのこのような多岐にわたる音楽活動の中から生み出されたものと言えるだろう。

長男と次男が日本に帰化したのに対し、三男と四男は帰化をせず、アメリカに渡った。三男と四男は一九七〇年代半ばまで生存していたので、太平洋戦争中は、長男と次男が日本人として、三男と四男はアメリカ人として、生活していたことになる。アメリカに渡った二人については、現在のところ残されている資料が少ないが、前述のように「エドウィン・ダン記念館」の園家氏が四男の長女アリスさんと直接連絡を取り続けており、二〇一〇（平成22）年一月には四男のひ孫が同記念館を訪れているので、[67]今後明らかになることが増える可能性はある。

三男のジョン（一九〇〇年二月―一九七六年一〇月）は、一九一六（大正5）年の第二回全国中学校優勝野球大会（現在の全国高等学校野球選手権大会）で慶應普通部が優勝した時の選手である。レギュラーメンバーであったようで、二番・一塁手として、関東大会予選の決勝、また本大会では決勝までの全試合に出場したことが確認できる。[68]当時は「観客も大喜びで『ジョンしっかり！』『異人さんうまくやってくれ』とものすごい人気」であったという。[69]ジョンは「この大会に参加した唯一の外国人選手」であった。[70]筆者がこれらの資料を手がかりに、ジョン・ダンという人物の在籍について慶應普通部に問い合わせたところ、大正八年、つまり一九一九年までの在籍が確認されたと同時に、アンガス・ダンという人物も大正九年、つまり一九二〇年まで同校に在籍していたことも分かった。このアンガス・ダンは、ダン一家の四男のことだろう。ところで、アンガス（一九〇一年一〇月―一九七五年二月）が渡米したのは「大正九年」、[71]つまり一九二〇年であるので、アンガスは、慶應普通部を終えてすぐに渡米したことになる。なお、この年の五月には、前述のように長男と次男は日本に帰化をしている。こうした事情を考慮すると、ジョンの渡米も、この時期であった可能性が高い。アメリカに渡ったジョンは「鉄工関係の実業家」となり、アンガスは「美術関係の仕事」

についたようである。[72]

八　おわりに

明治から昭和の日本を生き、直江津の近代に大きな足跡を残したエドウィン・ダン、北海道で知り合った最初の妻ツル、直江津滞在中に亡くなった二番目の妻ヤマ、エドウィンとヤマとの間の四人の男子の一人で、現在に至るまで直江津に生き続けている音楽を残した次男ジェームス、そして晩年のエドウィンの世話をしたジェームスの妻道子の墓は、東京・青山霊園の外人墓地にある。東京メトロ千代田線「乃木坂」駅または東京メトロ銀座線「外苑前」駅から、徒歩で行くことができる。マルケーバス浜線「市之町」バス停そばの「赤煉瓦の異人館」案内板から出発した歴史の旅は、ここでひとまず終えることにしよう。

〔註〕

（1）本稿は、『くびきのアーカイブ』第三〇号［NPO法人・頸城野郷土資料室編、二〇一三年四月一日発行］一―一二頁に掲載された拙稿「ダン一家と直江津」に、加筆修正を施したものである。本稿執筆の過程でお世話になった、NPO法人・頸城野郷土資料室の石塚正英理事長、市之町町内会の柳澤保氏、笠原芳夫氏、木南勝太郎氏、そして資料提供などでご協力いただいた「エドウィン・ダン記念館」の園家廣子氏に、心より感謝申し上げたい。

（2）ダンの御雇外国人としての契約については、田辺安一編『お雇い外国人 エドウィン・ダン―北海道農業と畜産の夜明け―』〔北海道出版企画センター、一九九九年四月〕を参照した。

（3）在東京の米国公館長。当時の正式な肩書きは、特命全権公使（Envoy Extraordinary and Minister Plenipotentiary）：在日米国大使館ホームページ（http://japan2.usembassy.gov/j/amb/tambj-list.html#DCMs）による。

（4）『赤坂區史』〔東京市赤坂區役所、一九四一年三月〕一一五六―一一五八頁を参照。この場所の江戸末期と現在の地図は、『図説渋谷区史』〔渋谷区区制施行七〇周年記念事業準備会編、渋谷区発行、二〇〇三年三月〕八四―八五頁、二二四頁、二二六頁を参照。なお、同書八四頁記載の祥雲寺の位置と、『増補港区近代沿革図集　麻布・六本木』〔港区立港郷土資料館編・発行、二〇一〇年三月〕三〇頁記載の祥雲寺の位置とを照合すると、「第三号開拓使」つまり第三官園の位置を確認しやすい。また、当時の官園の様子については、篠田鉱造『明治百話（上）』〔岩波文庫、一九九六年七月〕九〇―九四頁、最相葉月『青いバラ』〔新潮文庫、二〇〇四年六月〕二八六―二九五頁を参照。

（5）ただし、書類上の「結婚手続き」が終わるのは、ダンが駐日米国公使館書記として再来日した後の一八八四（明治17）年一〇月である。以下、ツルとヘレンの記述については、阿部三恵『エドウィン・ダンの妻ツルとその時代』〔北海道新聞社、一九九五年九月〕の「エドウィン・ダン関連年表」（二七八―二八二頁）に概ね従うが、ヘレンの生没年については、「エドウィン・ダン記念館」が所蔵するダン家の家系図の記載（一八七八年四月―一九六八年一月）に従うこととする。なお、以下本稿では、ダン家の他の人びとの生没年についても、同様に「エドウィン・ダン記念館」が所蔵するダン家の家系図の記載に従うこととする。

(6) 田辺編『お雇い外国人　エドウィン・ダン』〔前掲書〕三三〇頁。

(7) 阿部『エドウィン・ダンの妻ツルとその時代』〔前掲書〕二六六―二六七頁。

(8) 池田嘉一・渡辺慶一『じょうえつ市の郷土史散歩』〔北越出版、一九七六年四月〕四八頁。

(9) 田辺編『お雇い外国人　エドウィン・ダン』〔前掲書〕三三五―三三八頁、エドウィン・ダン著・原田和幸訳「日本における半世紀の回想」、高倉新一郎編『エドウィン・ダン　日本における半世紀の回想』〔エドウィン・ダン顕彰会、一九六二年八月〕一三二頁。

(10) 以下、文献紹介のみとする。まず、この会社設立の経緯については、日本石油史編集室編『日本石油史』〔日本石油株式会社発行、一九五八年五月〕二二〇―二二三頁が参考になる。また、『直江の津』編集部の取材に基づく以下の記事にも、多くの写真資料と詳しい記述がある。「イントル、ナショナル、ヲイル、コムパニー　エドウィン・ダン」、季刊『直江の津』春号第二巻一号（通巻五号）〔直江津経済文化研究会、二〇〇二年三月〕四―一三頁。なお、会社設立の広告は、当時の「横濱貿易新聞」〔一九〇〇（明治33）年一二月四日、第三二八一号〕五面の「商業登記広告」欄に掲載されている。筆者は、国立国会図書館所蔵の資料により本記事を確認した。

(11) 墓石にも、Born June 15th 1876. Died June 15th 1906. と刻まれている。一方、渡辺慶一『越後府中地方史研究』〔さ・さ・ら書房、一九七二年二月〕二四一頁掲載の「八千浦村役場の戸籍簿」には「明治六年〔＝一八七三年〕六月生　黒井ニテ死亡」と記されている（〔　〕は筆者の補足）。

(12) 吉田稔『エドウィン・ダン雑記』〔ダンと町村記念事業協会、一九九一年九月〕一九頁。

(13) 池田・渡辺『じょうえつ市の郷土史散歩』〔前掲書〕四九頁。

(14) 渡辺慶一「ダンさん〝直江津行状記〟―語り継がれる業績と美談―」、日本経済新聞〔一九六六年一二月一六日」一六面。

(15) これについては、地元の市之町町内会の懇話会（二〇一三年二月二四日、於いちのちょうこどもの家）で講演をさせていただいた際に、出席された方々からご教示いただいた。

(16) 園家廣子「ダン雑記」、『ベーマー会 会報』第三号［ベーマー会事務局、二〇一一年六月］一二頁。

(17) 渡辺『越後府中地方史研究』［前掲書］二四一頁。

(18) 二〇一一年九月一日、「上越市文化振興課」の回答による。

(19) 「字善次郎」が「大字高崎新田字市ノ町」に隣接していることについては、上越市公文書センターから、それを示す資料を得た（二〇一二年五月二日）。また筆者自身も、法務局上越支局において一八九三（明治26）年一二月の黒井の地図を閲覧し、それを確認した。

(20) 池田・渡辺『じょうえつ市の郷土史散歩』［前掲書］四四頁。

(21) この社宅があった位置については、前述した地元の市之町町内会の懇話会において、出席された方々からご教示いただいた。

(22) 『直江津の歴史』［渡辺慶一・中村辛一監修、「直江津の歴史」編集委員会編、直江津市教育委員会発行、一九七一年三月］二一八頁。

(23) 『直江津の歴史』［前掲書］二一八頁。

(24) 『頸城村史』［頸城村史編さん委員会編、頸城村発行、一九八八年二月］五九九―六〇七頁。

(25) 『信越化学工業社史』［信越化学工業株式会社社史編纂室編、信越化学工業株式会社発行、一九九二年一〇月］一〇―一二頁。

(26) 『上越市立直江津小学校創立一二〇周年記念誌』［直江津小学校創立一二〇周年記念事業実行委員会、一九九一年一一月］九一頁。

(27)『上越市立直江津小学校創立一二〇周年記念誌』〔前掲書〕九一頁。
(28)『上越市立直江津小学校創立一二〇周年記念誌』〔前掲書〕三四頁。
(29)『上越市立直江津小学校創立一二〇周年記念誌』〔前掲書〕九〇―九一頁。
(30) なお、渡辺氏の『越後府中地方史研究』〔前掲書〕二四一頁に掲載の「八千浦村役場の戸籍簿」に記載されている生年は、長男が「一八九三年」つまり明治二六年、三男が「明治三十三年」であるから、この戸籍に基づいても当時の尋常小学校に同時に在学していたとは考えにくい。
(31)『上越市立直江津小学校創立一二〇周年記念誌』〔前掲書〕九一頁。
(32) 渡辺慶一『わが町の歴史・上越』〔文一総合出版、一九八二年一月〕一八八頁。
(33) 池田・渡辺『じょうえつ市の郷土史散歩』〔前掲書〕二〇三―二〇四頁。
(34) 下村省一「ベヒシュタインピアノを奏でる時③」、『文芸 たかだ』三〇三号〔高田文化協会編、二〇〇九年九月〕四六頁。なお、この引用と同趣旨の回想が掲載されている『上越市立直江津小学校創立一二〇周年記念誌』〔前掲書〕九一頁によると、元々この回想を含む文章は一九六九（昭和44）年、下村氏が教頭として直江津小学校在任中に執筆したものである。
(35)『町内史「高崎新田」』〔市之町町内史編さん委員会編、二〇〇五年四月〕三一頁。
(36) 園家「ダン雑記」〔前掲誌〕二二―二三頁。
(37) 渡辺「ダンさん〝直江津行状記〟―語り継がれる業績と美談―」（前掲記事）の記述による。なお、渡辺氏は『わが町の歴史・上越』〔前掲書〕一八八頁では「木南ヤノ」と記しているが、筆者は「エドウィン・ダン記念館」に所蔵されている資料（ダンの死後に書かれた二人の「ばあや」連名の手紙）により、「関川ヤノ」と確認した。
(38) ダンが亡くなるまで、一家には「ヒガシ」と「ヤノ」という「ふたりのばあや」が仕えており、そのうちのヤノが「直江津の石油時代からの者」であることを、晩年のダンの世話をした次男ジェームスの妻・道子が述べている（ダン・道子『明治の牧柵』［一九六八年一一月、ダン道子後援会］、一〇二―一〇三頁）。ただし同書には、ヤノの苗字は記されていない。

(39) 高倉新一郎「エドウィン・ダン小伝」、高倉編『エドウィン・ダン　日本における半世紀の回想』［前掲書］二七頁。

(40) 園家「ダン雑記」［前掲誌］一三頁。

(41) 赤木駿介『エドウィン・ダンの生涯』［講談社、一九八四年八月］二六一頁。『頸城村史』［前掲書］六〇一頁も参照。

(42) 道子の『明治の牧柵』［前掲書］一〇〇頁にそのエピソードが出てくる。

(43) 晩年の様子は、道子の『明治の牧柵』［前掲書］七九―一三五頁に綴られている。

(44) 池田・渡辺『じょうえつ市の郷土史散歩』［前掲書］四九頁、〔　〕は筆者の補足。

(45) 池田・渡辺『じょうえつ市の郷土史散歩』［前掲書］五四頁。

(46) 『官報』第二三四五号［一九二〇（大正9）年五月二八日］六八二頁。

(47) 前掲の『官報』記載の住所による。

(48) 内藤久寛『春風秋雨録』［春風秋雨録頒布会、一九五七年六月］三二四頁。なお、前述のようにダンが支配人を務めていたインターナショナル石油会社は、廃止が決まると日本石油に売却を申し込むのだが、これを内藤社長が大変喜んだことが、同書二〇五―二〇六頁に記されている（同箇所は、日本石油史編集室編『日本石油史』［前掲書］二六頁にも引用されている）。

(49) 渡辺氏の『越後府中地方史研究』［前掲書］二四一頁の「八千浦村役場の戸籍簿」には「明治三十年生」と記載されている（明治三〇年＝一八九七年）。

(50)　一九三一（昭和6）年度の『音楽便覧』［音楽世界社編著、敬文館、一九三一年一月］（翌年度から『音楽年鑑』に誌名変更）から、各音楽家の所属や出身校が詳しく掲載されるようになる。以下、ジェームスの学歴及び肩書きは、毎年刊行されていた本誌（昭和一八年版から昭和二三年版は休刊）の記載に基づく。ただし、直江津小学校については、本誌に記載されていない。

(51)　『東京音楽学校　創立五十年記念』［東京音楽学校発行、一九二九年一一月］三二頁。

(52)　『東京音楽学校　創立五十年記念』［前掲書］三七頁。

(53)　『官報』第二三四五号［一九二〇（大正9）年五月二八日］六八二頁。

(54)　前掲の『官報』記載の住所による。

(55)　一九二三（大正12）年版『音楽年鑑』［楽報会編、楽報会代理部・竹中書店発行、一九二三年三月］の「楽界時事」における「海外音楽研究生続出」の項に、一九二二（大正11）年に海外に渡った留学生の一人としてジェームスの名前が挙げられている（一八頁）。また、一九二五（大正14）年版『音楽年鑑』［楽報会編、楽報会代理部・竹中書店発行、一九二五年三月］の「中央楽壇総説」には留学からの帰国者としてジェームスの名前が挙げられ（二頁）、「大正十三年度音楽日記」の「十月三日」の項には「洋琴家ゼームス・ダン独逸より帰朝」と記されている（五頁）。なお、行き先がベルリンであったことは、一九二七（昭和2）年版『内外音楽年鑑　楽壇名士録』［東京楽報社編、竹中書店、一九二六年一一月］六二頁に記されている。

(56)　一九二九（昭和4）年四月から日本大学芸術科でも教員を務めていることは、『日本大学芸術学部五十年史』［日本大学芸術学部五十年史刊行委員会、一九七二年一一月］四五―四六頁、及び国民新聞［一九二九年五月二日］を参照。

(57)　ジェームス・ダン「十年前の今月今日」、『音楽藝術』二月号（第八巻第二号）［一九五〇年二月、音楽之友社］五六―五七頁。

(58) ダン「十年前の今月今日」、『音楽藝術』二月号（第八巻第二号）［前掲誌］五七頁。
(59) 『上越市立直江津小学校創立一二〇周年記念誌』［前掲書］四一頁、八八―八九頁、九一頁。
(60) 下村「ベヒシュタインピアノを奏でる時③」［前掲誌］四七頁。
(61) 道子の証言による（『明治の牧柵』［前掲書］一三〇―一三一頁）。
(62) 一九三二（昭和七）年版『音楽年鑑』［音楽世界社編輯部編著、敬文館発行、一九三一年一二月］三四頁。
(63) 『東京音楽大学六五年史』［東京音楽大学六五年史編纂委員会、一九七二年九月］四八頁。
(64) 『東京芸術大学百年史 東京音楽学校篇 第二巻』［財団法人・芸術研究振興財団 東京芸術大学百年史編集委員会、二〇〇三年三月］一二六八―一二七一頁。
(65) ジェームス・ダン編『世界音楽全集　第二八巻　ピアノ小曲集』［春秋社、一九三二年一〇月］、五九曲が収められている。
(66) 『瞼の母』［長谷川伸作詞、ジェームス・ダン作曲、春陽堂楽譜一五、春陽堂、一九三一年三月］一五―A～一五―C。
(67) 北海道新聞［二〇一〇年一月一一日］二七面。
(68) 『全国高等学校野球選手権大会史』［朝日新聞社、一九五八年一一月］一四三―一四五頁。
(69) 『全国高等学校野球選手権大会史』［前掲書］一四六頁。
(70) 久保田高行『改定新版高校野球百年』［時事通信社、一九七六年四月］三九頁。
(71) 園家「ダン雑記」［前掲誌］一二二頁。
(72) 吉田『エドウィン・ダン雑記』［前掲書］二一〇頁。

【余勢夜話】
直江津ゆかりの音楽人

瀧田　寧

ダン一家が直江津にもたらした「近代」は、工業だけではなかった。本論で触れたように、直江津小学校に学んだダン一家の次男ジェームスは、東京音楽学校（現在の東京芸術大学音楽学部）を卒業後、ドイツ留学を経て音楽家として活躍する。そして一九二八（昭和3）年には、直江津小学校の同窓会が母校に寄贈するピアノとしてドイツ製のベヒシュタインピアノを選定した。このピアノは、現在でも使用されている。また一九三一（昭和6）年には、現在に至るまで歌い継がれている同小学校の校歌を作曲した。

ジェームスが亡くなるのは一九五〇（昭和25）年である。現時点では、その後に活躍する直江津ゆかりの音楽人たちとの直接のつながりは、見いだせていない。しかしながら、父・エドウィンが設立したインターナショナル石油会社が、石油工場としては昭和以降には残らなかったものの、直江津に工場地帯が形成されるきっかけをもたらしたように、ジェームスもまた、直接の後継者を直江津で育成したわけではないにしても、彼の残した音楽が現在に至るまで直江津で生き続けているという点で、直江津に「近代」をもたらした人物の一人であると言えるだろう。

なお、ベヒシュタインピアノについては平成に入ってからその価値が再評価され、直江津小学校同窓生からの寄付により修復されて、一九九四（平成6）年一一月に、リージョンプラザ上越で開かれた記念音楽会において復活した。その経緯はとても興味深いので、詳細は下村省一氏（直江津小学校元教頭）が執筆されている資料や当時の新聞記事を直接お読みいただきたい。[*1] ここでは一点だけ、このピアノが再評価されるきっかけとなった場所についてだけ触れておく。それは、林芙美子の母校・広島県立尾道東高等学校である。同校で下村氏がベヒシュタインピアノを見たことが、その後、直江津小学校のベヒシュタインピアノ復活へとつながった。尾道東高等学校のピアノは一九三一（昭和6）年、当時の広島県立尾道高等女学校創立二十周年記念事業として同校の同窓会により寄贈されたもので、平成に入ってから修復された。[*2] 同校で下村氏が見たのは、ちょうど修復を終えたばかりのベヒシュタインピアノであった。

さて、本稿ではジェームスが音楽人として長年籍を置くこととなった日本大学との関わりを少し紹介しよう。本論でも言及したように、ジェームスが一九二九（昭和4）年から一九五〇（昭和25）年まで勤務した日本大学芸術学部音楽学科では、現在でも「ジェームス&道子・ダン奨学金」が運用されている。では、ジェームスはどのようなきっかけで、日本大学芸術学部との関わりを持つことになったのだろうか。そもそも同学部は、一九二一（大正10）年、日本大学法文学部内に美学科が開設されたことに始まる。その後、一九二九（昭和4）年に実習科目が開講され、これが当時話題となったようである。同年五月二日の「国民新聞」六面には、「日本に初めての総合芸術大学日大が破天荒の試み」と題する、次のような記事が掲載された。

芸術に志す男女学生の為に日本大学では従来からあった芸術専攻科を一層適切なものとし音楽、美術、文学、演劇、映画の五部門に分けて、今春四月から開講した。開講の要旨は従来理論にのみはしって、少しも実技が伴なわなかったに省み、実習時間を設けて学生に当らしめ、この方面も会得させるに外ならない。この部門の特色は実に実習にある。…［中略］…音楽部は器楽、声楽両方面の実習を行ない、声楽の方ではソプラノの松平里子夫人、バリトンに内田栄一氏が先生となり、器楽ではピアノのジェームス・ダン、ヴァイオリンに鈴木慎一氏が招聘された。*3

このように器楽実習教員の一人として、ジェームスは日本大学に招聘された。ここに名前の挙がった人々のうち、内田栄一氏は当時のことを、次のように回想している。

私がオペラの研究団体「ヴォーカル・フォア」を故松平里子さん達と創立したのは今から四十五年前の昭和二年秋でした。事務所兼練習場は当時麹町富士見町にあった松平さんの家を使用させていただきました。…［中略］…そうした或る日、松平さんの家で「こちらは日大の松原先生です」と紹介され、私ははじめて松原先生にお目にかかる機会を得ました。先生は日大の文学部の美学の実習に音楽の科目を編成するので声楽を松平さんと私に、ピアノをジェームス・ダン氏に手伝ってほしいとの御希望で、私達はそれがご縁で日大に行くことになりました。…［中略］…松平さんは昭和五年にイタリーに声楽研究に行かれましたが、その渡欧される前に日大芸術科の宣伝の意味で松原先生の故郷の九州に演奏旅行に行きました。一行は松原先生と秘書の岩崎さん、松平さんとジェームス・ダン氏と私の五人でしたが九州の三、四ヶ所で演奏会をやり、松原先生が演奏の前に講演をされて各所で大盛会だったことを今でも覚えています。[*4]

この回想中に登場する「松原先生」とは、松原寛教授のことである。松原教授は一九二四（大正13）年、日本大学法文学部文学科哲学専攻主任教授及び文学芸術専攻主任教授に就任し、この当時も哲学及び芸術学のそれぞれの専攻で重要な地位にあった。[*5] つまり、ジェームス・ダンを日本大学に招聘したのは、現在で言えば、文理学部哲学科と芸術学部との両方で要職に就いていた人物である。そして実は筆者自身、日本大学哲学科の大学院に学び、現在も同学科で講師を務めている。松原教授は一九四七（昭和22）年に退職されているので、筆者はもちろん面識がない。ただ、自らの子ども時代の記憶に導かれるように始めたダン一家の足跡調査の過程で、直江津小学校の先輩であるジェームス・ダンが、筆者の最終母校であり現在の所属先でもある日本大学哲学科で当時要職にあった教授と、このように直接的な形でつながっていたことを知った時、大きな驚きを覚えた。

なお、ジェームスのピアノ演奏は、現在も聴くことが可能である。まず、国立国会図書館のインターネット上の検索サービス「国立国会図書館サーチ」という機能を使い「ジェームス・ダン」と入力して検索すると、ジェームスに関連する国立国会図書館蔵書やデジタル化資料を探すことができる。その中には、録音資料もある。そのほとんどが国立国会図書館内限定利用ではあるが、館内では意外に簡単な手続きで当時の演奏を聴くことができる。また、二〇一三（平成25）年春の時点で購入可能なものとしては、ロームミュージックファンデーションＳＰレコード復刻ＣＤ集のシリーズに入っているものが挙げられる。[*6]

次に、戦後の直江津高校出身の音楽人について言及しよう。[*7]「音楽大学に進んだ直江津高校の卒業生の数は、はかりしれない」と聞くと、現在では意外に思われるかもしれない。紙幅の都合上、詳しくは箕輪響氏の「直江津の音楽文化―その一」[*8]と「その二」[*9]をご覧いただきたいが、箕輪氏によると、その一番の功労者は音楽教諭「中井ソノ先生」である。[*10]中井先生は、ご自身も東京音楽学校を卒業されている。直江津高校の教諭としては、「音楽を志すならば、日本の一流の大学へ」と熱心な指導を行い、多くの卒業生を、東京芸術大学をはじめとする音楽大学に送り出した。直江津高校の『創立七十周年記念誌』には、既に退職されている中井先生と、昭和二〇年代後半から三〇年代にかけて中井先生の指導を受け音楽家として活躍している直江津高校出身者たちとの座談会［一九八一（昭和56）年一一月六日］が収録されており、[*11]そこで中井先生は自らの指導方針を次のように語っている。

その道で立ちたいという方はそれが天命だと私は思うんです。それは自然の声だと思うんです。何か一つこれでもって人類につくせというものを誰ももらって生れてくる。この方たちは既にそういう種を頂いて来てらっしゃるわけですね。こっちのもっていき方でどんなにでも伸びる力をうんともっていらっしゃるのですね。そう信じさせられちゃうんです。……［中略］……自分の生活の為やお金の為にやるのならみてやらないわよといったのです。使命感を持って立派な仕事をし、日本中の人、世界中の人を喜ばせるような人になってやろうというのだったらみてあげましょうということでね。[*12]

この言葉は、教育と研究を仕事とする現在の筆者にはとても印象的で、時折反芻している。実はこの十年後［一九九一（平成3）年一一月六日］にも、ほぼ同じメンバーによる座談会が開かれている。[*13]そこに中井先生は参加されていないが、同日の演奏会には参加されており、その時の写真が前述の「直江津の音楽文化―その一」に掲載されている。中井先生の思い出を綴ったその文章の結び近くで、箕輪氏は次のように記している。

平成七年二月二十二日、その生涯を静かに全うされたが、先生の真の音楽文化の志は我々と、我々に続く多くの直江津の若者が受け継いで、育っている。[*14]

最後に、この直江津高校とは異なる系譜の音楽人だが、平成の直江津に育った若きシンガーソングライターを紹介しよう。出身高校は高田高校だが、生まれも育ちも直江津で、直江津祇園祭をこよなく愛する、齊藤ジョニーという一九八七（昭和62）年生まれの青年である。本格的に演奏活動を始めたのは東北大学に進学後で、ジョニーというのも大学入学後すぐに付けられたあだ名だそうだが、卒業後も、アーティスト名として使い続けている。二〇一一（平成23）年一〇月二六日にメジャーデビュー（ユニバーサルミュージック内のレーベル「デリシャス・デリ・レコーズ」）を果たす。弾き語りライブではギターやバンジョーなどの演奏と力強い歌声とで、バンド編成（ギターあるいはバンジョー・マンドリン・フィドル・コントラバス・バスドラムなど）のライブでは自然と体を揺らすことができるような音楽によって、全国各地の会場を楽しませている。なお、二〇一二（平成24）年七月下旬までの彼の音楽活動については既に紹介したことがあるので、[*15] 本稿ではそれ以降の活動のうち、上越市で開催されたライブに触れておこう。

二〇一二（平成24）年八月一日の齊藤ジョニーのブログ[*16]には、高田小町や高田世界館を訪れたことが写真入りで紹介されている。高田世界館を訪れたのはこの時が初めてのようだが、一カ月後の九月五日には、ここでのワンマンライブ開催がツイッターで発表される。そして一〇月八日、「JOHNNY'S ROOM #009 in Joetsu ～ Home Sweet Home ～」と題する弾き語りライブが、高田世界館満席となる大盛況の中で行われた。齊藤ジョニーの演奏は日頃のライブだけでなく、インターネット上のGoose houseという番組や動画サイトYouTubeなどを通じて広く知られているので、この日の高田世界館にも市外、県外から多数の人々が来場していたようである。このライブでの演奏の様子は、二〇一二（平成24）年一〇月一〇日「上越よみうり」の一面で大きく取り上げられたほか、齊藤ジョニーの音楽的要素の一つであるブルーグラスというジャンルの専門誌『ムーンシャイナー』でも紹介された。[*17] また、当日のライブに協力したエフエム上越（司会とライブ後のインタビューをエフエム上越の森田君夫氏が担当）は、同年一二月二二日、このライブの模様を特別番組として放送した。ライブ中で個人的に印象に残ったことの一つは、アンコールで旧「上越市民の歌」の大合唱となり、直江津を題材にした二番の歌詞に入った時、齊藤ジョニーから「この詞がいいんです」という主旨の一言が飛び出したことである。実は筆者も、久々にこの詞を見て同じことを思ったので、その後、この歌の成立経緯を調べるため当時の資料に当たったところ、作詞者が直江津在住の方であったことを知った。

さて、紙数も尽きようとしているので、齊藤ジョニーの音楽活動の詳細や彼自身が語っている音楽人としての思いについては、彼のホームページやブログをご覧いただくとして、ここでは特に一点だけ、齊藤ジョニーが生み出す音楽に触れて筆者がイメージする「直江津」について、記すことにする。それは、中井ソノ先生の次の言葉の中に表現されている。

音楽の授業を時々、今の自動車学校のあたりの丘でやりましたね。あかしやの林があり、ぐみが生えていて、ひばりがないていた。その自然の中で波の音を聞き、そよそよ吹いてくる風の流れ、どっしりとした妙高連山、あれが一つの大きな音楽になっているのですね。*18

齊藤ジョニーの「ナオエの空に」や「グランファ」を聴いていて「波」という言葉が出てくる時、いつも筆者の脳裏に浮かぶのは、まさに「波の音」「風の流れ」「妙高連山」が一体となった光景である。

明治の終りに直江津で育ったジェームス・ダン、昭和の戦後復興期から高度経済成長期にかけて直江津高校で活躍された中井ソノ先生、そして平成の直江津に育った齊藤ジョニー。時代こそ異なるものの、それぞれの音楽人としての活動には、同じ「直江津」という土地で吸い込んだ空気が、根底に流れているように思われる。

［註］

（１）下村省一「ベヒシュタインピアノを奏でる時③」、『文芸　たかだ』三〇三号〔高田文化協会編、二〇〇九年九月〕四二—五一頁。下村省一「直江津小学校のベヒシュタインピアノ・林芙美子」（上）：「上越タイムス」〔二〇一三年四月一六日〕一七面、（下）：同紙〔二〇一三年四月二三日〕一七面。また、修復と記念音楽会の記事については、以下を参照。「上越タイムス」〔一九九四年六月一六日〕一面・「よみがえれ　ドイツ製の名ピアノ」。同紙〔一九九四年一〇月五日〕一面・「よみがえれ　ベヒシュタイン　来月コンサート」。同紙〔一九九四年一一月一一日〕一面・「よみがえった！　ベヒシュタイン　直江津小学校」。

（2）広島県立尾道東高等学校ホームページ［http://www.onomichihigashi-h.hiroshima-c.ed.jp/index2.htm］及び『創立百周年記念誌　広島県立尾道東高等学校』［創立百周年記念事業実行委員会編、二〇〇九年一二月］一一頁、四三―四五頁を参照。

（3）「国民新聞」の記事を参照しつつ、引用に当たっては、『日本大学芸術学部五十年史』［日本大学芸術学部五十年史刊行委員会、一九七二年一一月］四五―四六頁に従った。

（4）『松原寛』［松原寛（伝）刊行委員会、一九七二年一一月］三五〇―三五一頁。

（5）『日本大学哲学科80年の歩み』［日本大学哲学研究室編、二〇〇四年一二月］二四頁。また、『日本大学芸術学部五十年史』［前掲書］二七―四七頁及び「日藝の沿革」［日本大学藝術学部ホームページ http://www.art.nihon-u.ac.jp/about/history.html］も参照。

（6）『日本SP名盤復刻選集Ⅲ』［ロームミュージックファンデーション、二〇〇七年九月］。筆者はこれを購入し、その「CD2日本人音楽家国内録音（二）」に入っているジェームスのピアノ演奏（ベートーヴェンとシューベルトの作品）を聴くことができた。

（7）新潟県立直江津高等学校。二〇一二（平成24）年三月に閉校となり、その校舎は現在、新潟県立直江津中等教育学校が利用している。

（8）箕輪響「直江津の音楽文化―その一：中井ソノ先生の思い出」、季刊『直江の津』冬号第二巻四号（通巻八号）［直江津経済文化研究会、二〇〇二年一二月］一四―一五頁。

（9）箕輪響「直江津の音楽文化―その二：海の入り日・上越市民吹奏楽団」、季刊『直江の津』春号第三巻一号（通巻九号）［直江津経済文化研究会、二〇〇三年三月］一六―一九頁。

（10）「直江津の音楽文化―その一」［前掲誌］一四頁。なお、筆者は直江津高校の出身ではないのだが、小学生の頃、中井先生宅にピアノを習いに通っていたことがある。ただ、そこでもソノ先生の生徒ではなかったのだが、先生のお姿は筆者の記憶にも刻み込まれている。以下本稿では「先生」と記させていただきたい。

(11) 新潟県立直江津高等学校『創立七十周年記念誌』［創立七十周年記念誌編集委員会・生徒会編、一九八二年三月］一〇六―一一二頁。本書は直江津図書館に所蔵されている。

(12) 『創立七十周年記念誌』［前掲書］一〇八頁。

(13) 新潟県立直江津高等学校『創立八十周年記念誌』［創立八十周年記念誌編集委員会・生徒会編、一九九二年三月］一〇九―一一三頁。本書も直江津図書館に所蔵されている。

(14) 「直江津の音楽文化―その二」［前掲誌］一四―一五頁。

(15) 瀧田寧「「齊藤ジョニー」関連資料の展示にあたって」、『くびきのアーカイブ』第二六号［NPO法人・頸城野郷土資料室編、二〇一二年八月］九―一四頁。

(16) 齊藤ジョニーのホームページ［http://saitojohnny.com/］内の「DIARY」。また、二〇一三年六月一四日からのブログは以下のアドレスにある。［http://ameblo.jp/saitojohnny/］

(17) 『ムーンシャイナー』第三〇巻第一号（通巻三四九号）［ビー・オー・エム・サービス、二〇一二年一一月］六頁。

(18) 『創立七十周年記念誌』［前掲書］一一一頁。

付記　箕輪響氏の「直江津の音楽文化―その一、その二」は、新潟県立直江津高等学校『創立一〇〇周年記念誌』［創立一〇〇周年記念事業実行委員会　記念誌部会編、二〇一二年八月］二四七―二五四頁にも掲載されている。なお、同記念誌によると、同校の創立一〇〇周年記念式典・閉校式は、二〇一一（平成二三）年一〇月二九日に行われた。

直江津育ちの文学者・松本恵子

エドウィン・ダン記念館
園家　廣子

私が初めて松本恵子という人を知ったのは、エドウィン・ダン記念館に伊藤一隆のひ孫に当たる方が訪れた時だった。同館には伊藤一隆のパネル写真が展示してあり、その下に「札幌農学校一期生。ダンがインターナショナル石油会社新潟支配人となるや招かれてダンの片腕となって働いた。」と説明されている。来館されたその方が、一隆の写真を見つけ「コレ、僕のひいおじいさんです」といきなり言われた時は、思わず「エッ?!」と大きな声を上げてしまった。さっそく貴重な来館者としてお話を伺った。身内ならではの伊藤一族にまつわる興味深いお話の中、一隆の次女・恵子についで最初私が最も強い関心を抱いたのは、実は文学者としての彼女ではなく別のエピソードからだった。

恵子がロンドン遊学中に結婚した夫・松本泰は、帰国後、東京・東中野の谷戸《やと》に十戸程の住宅を建設、貸家業を始めると同時に、夫妻もそこを拠点に創作活動を始める。その借家には、後に漫画「のらくろ」で有名になる田河水泡や小林秀雄等、若き文人達が集まり一種の文化村を形づくる。恵子は田河水泡に小林秀雄の妹を紹介、やがて二人は松本夫妻の仲人で、一隆の家で結婚式を挙げたという。学生時代から小林秀雄の書物に心酔していた私は、思いがけないところにその名前が出てきて、にわかに恵子その人にも強い関心を覚えた。その後、ダンの石油事業時代の取材で新潟県直江津を訪れたが、その時お会いしたY氏から頂いたのが、地元誌「直江の津」。この中に松本恵子「思い出の黒井村」の一文が載っていた。これは郷土史家・渡辺慶一氏が、古希を迎えた恵子を横浜に訪ねて書いてもらったものという。私は一読、すっかり彼女の文章に魅了された。元気いっぱいの少女時代の彼女を眼のあたりにするような、会話がとても豊かな文章だった。

さて改めて旧姓・伊藤恵子について記すと、明治二十四年札幌で生まれる。父・伊藤一隆は東京汐留に生まれ、明治五年、十三歳で芝の開拓使仮学校に入学。彼は名前通り〝一〟に大変縁が深い。この仮学校時代、米人教師から教えられた野球が、日本野球史の第一頁という。明治九年、札幌農学校が開校すると、第一期生としてクラークから直接深い薫陶を享ける。そのクラーク着任当日、既に東京で聖書に親しんでいた一隆は、牧師と教師館に駆け込んで、札幌受洗第一号となる。そしてクラークと交わした禁酒の誓いは、彼の生涯を貫く重要な禁酒会活動となる。クラーク離札後は、二期生の新渡戸稲造や内村鑑三等を入信に導き、生涯の親交を結ぶ。ちなみに一隆葬儀の時、弔辞を読んだのは内村鑑三である。明治十三年、農学校を卒業し開拓使に奉職。彼の功績は〝北海道水産の父〟と称されるように、水産分野の困難な事業を果敢に為し遂げている。同じく酪農指導者として開拓使に雇われていたダンは、一隆と親交を結び、その手腕と人柄を高く評価している。明治二十七年、民間に招かれた一隆は官を辞し、一家は函館に移住。何しろ伊藤家は、大家族である。函館へ移った時、恵子の記述を借りると、「当時は、祖母と両親と二人の叔父と一人の叔母、七人の兄弟姉妹に女中を加え十五人の大家族が大きな家に住んでいた」とある。しかし、明治三十年、一家は一隆の出張中に東京に移住する。これは、水産会社社長の一隆が米国出張中、社内の不平分子の動きを知らされ、即刻辞意を打電、そのまま函館へは帰らず、上京をさせた家族の元へ直接帰国している。同年、ダンも駐日米国公使を辞任。奇しくも仕事を辞めた二人が、ここから手を携えて新しい事業に乗り出す。世の中の不思議なめぐり合わせである。

明治三十三年、ダンはインターナショナル石油会社新潟支配人になると、一隆の助力を仰ぐため、一隆を新潟に招いた。一隆はダンの招聘を受諾し、一家は新潟県直江津近郊の八千浦《やちほ》村へ居を移す。そこから生まれたのが、前述の「思い出の黒井村」である。ここには、恵子の活発な少女期が活き活きと描かれている。最初通い始めた八千浦村尋常小学校が、オンボロ校舎に風采の上がらない先生一人と不平を言う恵子は、物も人間も外観ではなく中身が大切と父に諭され、徐々に教師を見る眼が尊敬に変る。そして生来お転婆の彼女は、すっかり地元の腕白小僧たちに混じって、思いっきり自然の中で遊び興じている。次いで直江津高等小学校に通うが、吹雪の日、上級生の先導で前の子のカクマキをしっかり掴み、むかでのように進む光景はいじらしくも郷愁を誘う。思うに、こうした少女期を都会を離れた自然の中で存分に子供らしくすごしたことは、後の児童文学翻訳家・恵子にとって、かけがえのない豊かさを培ったのではないだろうか。この時期の一家の写真があるが、一隆は十人の子福者で（内一名は夭逝）、グルリ九人の子供達に囲まれている様は、一種壮観である。物怖じしない顔付で袴姿の恵子は、この時、高田高等女学校の頃だろうか。同女学校卒業後、東京に嫁いだ姉の家から青山女学院英文専門科に通う。この年頃でも、義兄から「ジャンダーク」（お転婆で色黒）「ケイスケ」等とからかわれ、後に初の探偵小説を発表した際の男性筆名「中野圭介」は、ここから来ているに違いない。

大正五年、恵子はロンドンに赴任する日本人一家の家庭教師として渡英。この頃から彼女は物書きとして、ロンドン便り等を日本の雑誌に発表している。これは、彼女の周りに豊かな人脈があったことによる。一隆の姪は、星の文学者・野尻抱影の夫人であり、抱影の弟は、作家・大佛次郎で伊藤家との交わりも深い。恵子の発表の場は、彼等の力添えもあったようだ。やがて彼女は、ロンドン留学中の探偵作家・松本泰と出会って結婚し翌大正八年帰国。彼女の本領は、泰が東中野の谷戸で探偵雑誌を刊行したことで発揮される。夫婦で各々探偵物を発表。この時の恵子は、男性名で発表したが、これが日本女性初の探偵物と言われている。アガサ・クリスティも初めて翻訳紹介。次いで泰と共訳「ディケンズ物語全集」全十巻を刊行。これは恵子が原文訳を口述し、泰が原稿書きという分担作業だったようで、他の泰名義発表の翻訳物も実は全て恵子の訳という。この谷戸時代の二人の生活は、執筆の傍ら、貸家の端に設けたテニスコートで借家人達とテニスに興じたり、ダンスを楽しんだりと、いかにも英国帰りらしい文化サロンを築いている。

しかし、昭和十四年、泰は腸癌で死去。その後の恵子は、経済的理由からも翻訳が主になってゆく。「クリスチー探偵小説」を初め、児童文学「若草物語」「小公子」「あしながおじさん」「王子と乞食」等々。こうした功績により、昭和四十九年、児童文化功労賞を受賞している。泰亡き後の恵子の人生は、三十七年の長きに及ぶ。子供のいない彼女は、その後も独りぐらしをしたことはなく、絶えず妹や従姉妹等の身内プラス猫と一緒の生活を続けている。伊藤一族の仲の良さは、特筆に値する。又恵子の猫好きは有名だったようだ。昭和五十一年、八十五歳の生涯を終えている。

今、私の前に一冊の本がある。松本恵子著「随筆　猫」。これは最近古書店から入手したものだが、思いがけなく著者サイン入りだった。恵子と泰の字は酷似していて、泰自身も見分けが付かなかったという。眼の前のサインは、いかにも書き慣れた女文字で、泰の字がむしろ女性的だったということだろう。二人が各々原稿に向かって、似た筆跡でペンを走らせている光景は、ほほえましい。

もうひとつ私の想像を刺戟する光景は、直江津に於けるダンと恵子の接点である。当時ダン一家は〝赤レンガの異人館〟と呼ばれる外国人社宅に住んでいたが、恵子は父の上司であるダンとどこかで会ったことはなかっただろうか。更に恵子より各々四歳と七歳年下のダンの長男と次男は、直江津尋常小学校に通っている。しかも当時まだ珍しい洋服に人力車での通学は、当然人目を引く。好奇心旺盛な恵子の耳目に触れないはずはなく、もしかしたら異人館にも行ったかもしれない等々、いろいろ想像をめぐらせてみる。

今私は、もう一度直江津を訪れて、今度はこうした想像を胸に恵子の足跡を辿ってみたい想いがしきりである。


—了。

・後記：明治二十四年の恵子の出生地については、札幌説と函館説があるが、私は札幌とした。その理由は、明治二十五年一一月一日付けで、北海道庁に勤務していた一隆に「非職ヲ命ズ」という内務省からの辞令が残されていること、又、一隆と親交があった江原小弥太の編んだ「伊藤一隆」でも、住居として「明治九年より明治二十七年まで北海道札幌、明治二十七年より明治二十九年まで北海道函館」と記されているからである。これは、恵子が書いている五歳頃の函館での思い出とも年齢的に一致する。

・参考文献

「伊藤一隆」江原小弥太編（木人社）一九三〇年一月一日発行
「水産会の先駆・伊藤一隆と内村鑑三」大島正満著（財団法人・北水協会）一九六三年十月二十三日発行
「のらくろひとりぼっち」高見澤潤子著（(株)光人社）一九九六年七月十日刊
「随筆　猫」松本恵子著（東峰出版社）一九六二年六月二十日発行
「松本恵子探偵小説選」松本恵子著（論創社）二〇〇四年五月三十日発行
「平野弥十郎幕末・維新日記」桑原真人・田中彰編著（北海道大学図書刊行会）二〇〇〇年二月二十九日刊
「新潮日本文学アルバム・小林秀雄」（新潮社）一九八六年二月二十五日発行
「直江の津」季刊（直江津経済文化研究会）、二〇〇八年夏号（二〇〇八年六月一日）・同年秋号（二〇〇八年九月一日）

編者による付記

本稿の初校校正後、園家廣子氏より、以下の文献が刊行されたことをご教示いただいた。
川本三郎「アガサ・クリスティの紹介者、松本恵子のこと」、『図書』二〇一三年九月号、岩波書店、八―一一頁。

ここで川本氏は、松本恵子の直江津時代については触れていないが、二〇一二年に中野区立中央図書館で松本夫妻を顕彰する展示が開かれたことに言及している。この展示内容をまとめた小冊子「谷戸に文化村があったころ―探偵作家　松本泰・松本恵子と文士たち」（編集・発行＝中野区立中央図書館、二〇一三年三月）にも、松本恵子の直江津時代のことは出て来ないが、谷戸（現在の中野区中野一丁目）の文化村については、詳しい解説がある。この小冊子は、中野区立中央図書館で閲覧できるほか、国立国会図書館、東京都立中央図書館にも所蔵されている。（瀧田）

第四章
「赤いろうそくと人魚」の背景を訪ねて
――〈南〉への憧憬と、回帰する〈北〉の記憶――

米田　祐介

⑤「赤いろうそくと人魚」にちなんで建立された人魚の像（船見公園）

はじめに

人魚は、南の方の海にばかり棲んでいるのではありません。北の海にも棲んでいたのでありま す。[*1]

右は、小川未明（本名・健作　一八八二〜一九六一）の代表作「赤いろうそくと人魚」の冒頭である。ときとして、文学作品は作者の忘れられない記憶が作品に色濃く形象される。この物語もまた、未明の故郷上越に伝わる人魚伝説[*2]と幼少の頃の経験がモチーフとなっている。あらすじはこうである。

ある〈北〉の海に人魚が棲んでいた。淋しく暗く冷たい海の底から、いつも明るい賑やかな人間の世界にあこがれていた人魚は、いま、妊娠《みもち》である。子どもと別れるのは悲しいけれども、海の面に生きる人間はこの世界でいちばんやさしいものだときいている。せめて、この子ばかりは淋しく頼りない思いをさせたくない。幸せになってもらいたいという願いをこめて、人魚は陸に子どもを産み落とす。翌朝、人魚の〈捨て子〉は、お宮の近くの蝋燭屋の老夫婦に拾われた。貧しくても敬虔な心情をもっていた老夫婦はその子をとても大切に育て、美しい娘に成長する。娘になった人魚の子が絵付けする蝋燭がよく売れるようになったある日、〈南〉の方から香具師がやってきて老夫婦に娘を売ってくれるよう頼んだ。大金に目が眩んだ老夫婦は娘を手放してしまう。娘は、自分が入れられる鉄の檻をみて、老夫婦の元を離れたくないと懇願するが、欲に目がくらんだ老夫婦は耳を貸さなかった。娘は真紅に染めた蝋燭を残して、〈南〉の方に売られていく。その夜、赤い蝋燭を買いに来た女があった。夜更けに、突然、海が荒れ狂い、たくさんの船が転覆し、娘の乗った船も檻とともに沈んでしまう。それからというもの、お宮に赤い蝋燭が灯るごとに災難があり、やがて町は滅びて亡くなってしまう。

「赤いろうそくと人魚」は、すぐれて社会性の強い作品であることがつとに指摘されてきた。「この世界でいちばんやさしい」人間を信じた人魚の母親の祈りと娘のやさしさは、人間の物質欲にはかなくも裏切られてしまう。こうした人間社会にはびこる物質欲を描くことによって、未明は辛辣に物質文明の歪みを批判したのである。

未明文学ではときに〈南〉は冷酷な物質文明や都会、大人、金持ちとして、〈北〉は厳しくもあたたかい自然、子どもや老人、社会的弱者として表象される。小さくはかないものの孤独はつねにその対極にある存在を通じて語られてきた。同作品もまた、〈南〉に浸食される〈北〉という構図をとり[*3]、それはとりもなおさず、相馬御風が述べているように「北国人の癒す事の出来ない哀訴の声」でもあるのだ[*4]。

本稿では、〈北〉と〈南〉を未明の〈生〉のうちにある両極の軸として捉え、「赤いろうそくと人魚」が生まれる背景を探ると同時に、後年未明が〈北〉の方へと回帰していく姿を描いてみたい。

それでは、年譜をもとにたどってみよう[*5]。

一　〈北〉に生まれて――蝋燭屋の夫婦と祖母の語り

未明、小川健作は、一八八二年四月七日、新潟県高田（現・上越市）の五分一に父小川澄晴・母チヨの一人息子として生まれた。「黒い杉の森が沢山あって、寺の多い処」であったという。父澄晴は上杉謙信を崇拝し春日山城址に春日山神社を創建した人物である。小川家では、長男が夭折しており、次男の健作が生まれると健康に育つことを願って、〈捨て子〉の風習に従った。「自伝」によれば、「家は代々子供が育たぬというので、私は生まれると直に隣の蝋燭掛の家で三つになる頃まで育てられた」とある。[*6] 子どもの育ちにくい家で、新しく生まれた子が無事に育つように、表向きは捨て子という形で、じつは懇意な、そして健康な子を幾人も育てているような家に托して育ててもらったのである。この時、生まれたばかりの健作を拾ってくれたのが、東隣に住んでいた丸山広作・フサ夫婦であった。当時丸山家には、健作より一つ年長のサクを含めて三人の子どもがおり、健作は乳兄弟として育てられた。[*7]「たくさんの子どもを産み、貧しさにいためつけられながらも、この人たちは実直で心があたたかかった」。丸山夫婦は健作を大切に育て、健康に育つように星除や加持、祈祷の札をたくさん守袋にいれてもたせたりした。ひとときとはいえ乳を与えた健作のことがかわいいらしく、後年、無事に育って早稲田大学にいくまでになった健作が、夏休みに帰ってくるたびに、わざわざ春日山の家までたずね立派に成長していく姿に目を細めて喜んだという。[*8]

ところで、この丸山夫婦は、上笙一郎によって「赤いろうそくと人魚」の蝋燭屋の老夫婦の原型として指摘された人物である。[*9] また、自伝的小説「麗日」には「隣の蝋燭掛の娘のお作」は「姉弟の如く」とある。[*10] サクは十二歳のとき信州へ養女にいってしまうが、一人っ子の健作にとって姉の原型として、彼の心に深く影を落とすことになる。[*11] 高橋美代子は、「このサクが養女に行ったという出来事が、未明の作品に、売られていく人魚の姿に形象されたのではないかと考えられる」と指摘している。[*12]

まだ五月雨の空は雲って、朝から雨がしとしとと降っていた。

今日はお作が信州に旅立つ日だ。……お作は黙って泣いていた。お作の父親は、気を励まして、「もう早く行んと遅くなるぞ。」といった。是がお作の故郷に別れるのだ。町には種々の商いをする店や、種々の看板の掛った家があった。此の道は毎日のようにお作と共に学校へ往来した道であった。……お作は窓から頭をだして、眤っと私の顔を見て笑った。私も悲しかったが覚えず釣り込まれて笑った。

「お達者で。」とお作がいった。私は胸が一ぱいで、それに答えることができなかった。両方の眼から涙が湧き出てお作の顔を見つめていると、再び汽笛が鳴って汽車が動き始めた。[*13]

三歳になって健作は小川家に帰るが、丸山家で育てられたことにより自分の出生に疑惑を感じるようになる。次のように回想している。「ひとり子でしたから、人一倍、可愛がられたのですけれども、一面、母のしつけが、やかましすぎるほど、非常に厳格であったために、ぼんやりと家の庭に立って、ほんとうの自分の母は、ほかにあるのではないか、と思ったことも、ときどきはあったのです。そうしてひとり子であったために、子供の時分の私は、孤独でした。非常に孤独なきもちをもっておりました」[*14]。出生の疑惑は、北国の自然の厳しさと相俟って健作にますます孤独な空想を育ませることになる。ほんとうの捨て子ではないか。このことは、「赤いろうそくと人魚」の〈捨て子〉をする場面に形象されている[*15]。彼はのちのちまでこの寂しい気持ちを忘れることができずにいた。また健作の「父は、事業のために常に留守であった。祖母と母と三人で幾日も、幾日も淋しい頼りない日を送った」のであった[*16]。

さて、一八八八年、健作はその当時町の小学校ではただ一つの岡島小学校にあがった。「自伝」には、「七つの時、小学校へ行ったが、髭のある受持ちの教師を嫌って、女の教師の組に換えてもらった。祖母は、私を連れて毎日学校へ行った」とある[*17]。祖母は健作を甘やかし溺愛した。そのため健作はわがままできかんぼうで、かんしゃくを起こしては幾度となく祖母を困らせた。小学校へいっても健作の「かんしゃく」が治らないので、あるとき母が米山の薬師へつれていった。後年未明は、「此の時、始めて海岸を通って、蒼い、蒼い日本海を見た。静かな空に輝く、白い海鳥の翼を見た。また、名も知らぬ黄色な花が沢山、浜辺に咲いているのを見た。是等の景色は、私の心を喜ばした」と述懐している[*18]。ところで、このやさしい祖母から、健作は六、七歳の頃、将棋を習い、また祖母は謡曲をやっていたので「羽衣」や「浦島」を聴いた。そして北国の昔話など神秘的な物語を聴いたのである。

祖母の話を聴いていると、障子に風が当たって、ビュウビュウ唸る、私は非常に寂しい感じになったものです。風の音に混って、まだそれほど海が荒れない時には、直江津から伏木へいったり、新潟へいったりする汽船が通るので、それの鳴らす汽笛が、かすかに響いて来ます。[19]

祖母から聴いた神秘的な物語は、風や海鳴りや汽笛の寂しい音、そして暗い北国の冬とともに、のちの童話作家・小川未明のうちに秘められ、「赤いろうそくと人魚」などの作品となって結晶していく。あるいはこの時、上越地方に伝わる人魚伝説を健作は祖母から聴いたのではなかろうか。上によれば、未明はかつて松村茶行林に「自分は小さい頃、寝物語に祖母から人魚塚の話を聴いていたが、実在するとは知らなかった」という意味のことを語ったという。かつて、単純小家族制の誕生する近代以前の時代には、ひとつの家に数世代の人間が共に住む大家族制が一般的であり、そこでは昔話やわらべ唄など子どもに属する文化は、父母から子どもへというよりも、むしろ祖父母から孫へという伝承形態をとるのが常態であったという。「だから未明における人魚伝説の場合にも、……祖母からの伝達を考慮してよい」かもしれない。[20]

ところで先に「父は、事業のために常に留守であった。」と引いたが、年譜によれば一八九〇年頃より、父澄晴は崇拝する上杉謙信を祭る神社を春日山に創建するため、東奔西走する。健作もまた少年ながら父に代わって、神社の建築資材の運搬や雪おろしの人夫をつれて高田から春日山への五智街道を幾度となく往復した。そのおりおり見聞きした上越の美しくも厳しい自然、そして父の狂信的な情熱が感じやすい少年の心に沁みこんだ。

健作はまた小学校にあがる前より私塾にかよい漢学をならった。後年次のように語る。「私は、敵に塩を送った上杉謙信を崇拝して、神社を建てた父の影響を受け、塾へいっても、日本外史を泣いて教へる先生の薫陶を受けました。私も楠正成が正行と別れる條りなどでは、泣いたものです」[*21]。私塾に学んだことが、健作が正義を愛する一途な少年に育ったことと無関係ではないだろう。学校でも差別をされたり、クラスの友達にもいつもいじめられている者がいる。また、風邪が流行しても貧しい家の子どもは足袋もはけず薄着をしている。健作は身のまわりの矛盾に気づき、弱い者、貧しい者に対する共感を示した。このように健作は成長するにつれ、社会矛盾に対する感受性が鋭くなり、作家・小川未明としての重要な部分を形成していくのである[*22]。

二　下宿先の母と娘——高田中学から〈南〉の方へ

さて、一八九七年、父の春日山神社創建に伴い一家は春日山へと住居を移す。健作、高田中学の頃である。普段は八キロほどの道を徒歩で通ったが、しかし冬になると積雪量の多い高田では、徒歩での通学は非常に難しい。そこで健作は、春になって雪が消えるまでのあいだ、高田の町に下宿して勉強を続けた。最初、北沢乾堂の家にしばらく下宿するが、そこはあまりにも窮屈であったため、まもなく出て行ってしまった。そして次に下宿した一家のことを、未明は随筆「私を憂鬱ならしむ」でこう書いている。

ベックリンの描いた「波のたはむれ」といふ絵を見たときに、私は、あっ！　と思いました。その女の人魚の顔のどこかに、見覚えがあるやうな気がしたからです。

多く考へを要するまでもなく、私が、中学時代に下宿をしてゐた宿の主婦を思い出しました。雪のやうに、色白で、眼がぱっちりとして、しかも頭の長い髪が、つやつやしく、いつもぬれてゐるやうに真っ黒でありました。そして、十ばかりの女の子と、もう六十に近い老母とがありました。

老母は、ただよく働く一方でした。そして女の子は、母親に似て、色が白く、眼がぱっちりとして、ませたところがありました。父親は、どうしたか、一向に、私達は知りませんでした。ただ、現在は無いといふことだけは分かりました。この気味の悪い程美しい母親は、歩くことのできない、ゐざりであったのです。……そして女はいつも、窓の明かりのさす下のところで、針仕事をしていました。……雨まじりの風が吹いて、霙などの降る日には、ちやうど濤から上がった人魚が、岩の上にぬれながら座ってゐるやうにも、色の白い、髪の黒い、女は凄味を持っていました。[*23]

この「歩くことのできない、ゐざりであった」母親こそ、「赤いろうそくと人魚」の人魚の母親のモデルとして、上によって指摘された人物である。[*24]童話の世界で人魚は、「胴から下の方は、人間の姿でなく、魚の形をしていました」と表現されている。[*25]そして、その「母親に似て、色が白く、眼がぱっちりとして、ませたところ」があった娘こそ人魚の少女にほかならない、と上は断じている。[*26]ここで、人魚の娘のモデルとして二人があがった。

それでは、この高田の下宿先の娘はこの後どうなっていくのであろう。同作品には、「女の子には、その時分から、唄を教へ、また、踊りにもやってゐたやうです。老母の口ぶりでは、はやく、芸を仕込み、大きくなったら、芸妓にしようといふ考へらしかったのです。なんといっても、芸妓をさせるには、新潟が本場でしたから、やがては、そこに売られて行くものと思はれました」とある。[*27]

実際に「売られて」行ったかどうかは定かではないが、歴史的事実として、この地方には芸者が多い。それはどのような背景からであろうか。上は、次のようにいう。「越後農民たちの貧しさであって断じてそれ以外ではない。つまり、劣悪な自然的条件と、大地主制という社会的条件とが重なったところからは、一般の農民たちは、朝早くから夜おそくまでつづく過酷な労働を耐えしのぶか、その子女を芸者に売ったり出稼ぎに出したりするか、二つにひとつの道を選ぶよりほかはなかったということなのである。越後農民のこのような状態は、未明が幼少年時代を送った明治中期においても、幕末・明治初年代の頃といささかも変っていなかった。というよりも、その時期は日本資本主義の原始的蓄積期にあたっていたため、農民たちにたいする資本の苛斂誅求は激烈を極め、ただでさえ貧しい越後農民は、更にきびしい貧苦にあえいでいたと言ったほうが精確かも知れない。このように見て来れば、未明の高田の町における足萎えの親子との邂逅を〈偶然〉のしわざに帰せしめることはできない」のである。[*28] 高田中学からの友人であった相馬御風が述べているように、未明文学の通奏低音とは、けだし「北国人の癒す事の出来ない哀訴の声」なのである。[*29]

年譜に戻ろう。春日山に住んでから健作は冬の間だけ下宿して通学したが、その他の季節は、春日山から高田中学まで五智街道を通り通学した。ところどころに農家があるだけのさみしい道である。先に触れたように健作はそれまでもこの道を通って春日山に登ることがよくあったが、通学するようになり、高田の自然の美しさ、さびしさ、もの悲しさ、厳しさをますます敏感に受け取るようになる。山の生活は単調だった。北国の冬は長く、十月末から、あたりは暗くなり、十一月には雪が降る。その雪は翌年の三月・四月にならなければ消えない。健作は、遠くに聞こえる海鳴りに耳をすまし空想にふけることが多かった。後年未明は「童話を作って五十年」で次のように語る。

いつも、早く春になればいいな、と思いました。晩方、夕焼けが美しくて、明日は天気だ、という日は、私には非常に楽しく、たまらなく嬉しかったものです。そうして頸城の山脈が連々として西のほうにつながっている、その山の上が淡桃色にきれいに染まるのを見ると、この山を越えて向こうへゆけば、雪のない、明るい世界があるのだ、と思って、いろいろな空想をもったのであります。雪のない、明るい、暖かい所、これが子供の時分の大きな憧憬であったのです。[*30]

灰色に眠る北の地平線を眺めながら、健作少年の心は雪のない〈南〉の方に憧れる。いよいよ中学での屈辱的な三度目の落第が決まると、新しい世界への希望を胸に東京へ旅立つことを決意し、十九年間の月日を過ごした故郷に別れを告げる。

三 〈南〉に降り立って――ベックリンの絵との出会い

一九〇一年四月、健作は上京し、東京専門学校の予備校に入学する。翌年東京専門学校は早稲田大学と改称し、彼は専門部英文哲学科から大学部英文科へ進み、一九〇五年に卒業した。この間、坪内逍遥、島村抱月、ラフカディオ・ハーン（小泉八雲）らに師事し、十九世紀ロマンチシズムの詩人・作家の作品を愛読した。とりわけ逍遥との出会いが彼に作家への道を歩ませることとなった。

あるとき逍遥が、「自殺の是非」という課題をだした。これに対して健作は「自己を離れて人生なく、また天地なし」と答えた。[*31]これが逍遥の目にとまり、以後、逍遥宅で開かれていた読書会に出席しているうちに創作を志すようになるのである。健作は学校にほとんどいかず創作にうちこんだ。そして一九〇四年に「漂浪児」を執筆、逍遥の紹介で『新小説』に発表した。この時、逍遥に「ゲエテは美は黄昏にあるといったが、黄昏では果てがないような感じがするから同じ薄明でも夜明けにしたらどうか。『未明』がよかろう」といわれ、それ以来、この名は原稿に記され続けることになる。[*32]

卒論は「ラフカディオハーンを論ず」であった。未明は「面影」で追慕の情を述べている。「自分は希臘《ギリシャ》の海をみないけれど、我が春の海を見るたびに何となく懐かしく思ふ。ああ、緑なる空。青き海原を見れば希臘《ギリシャ》の空を思い、悠々と白き雲の飛ぶ影を見れば、さすらひ人を思い……」と。故郷への想いをハーンへと重ね合わせる未明が垣間見えよう。ハーンもまた北国の人といってもよいような、英語に反逆した非英語のアイルランドの出身であった。ハーンの作品の特徴は、「赤・黄・緑・青、何でも輪郭の顕著なる色彩を用ひ、悠々たる自然や、黙静の神秘を物哀れに写す」ことだと未明は述べる。[*33]こうした表現法は、未明の作品にすくなからぬ影響をおよぼした。未明はこの頃より、ロシア文学をさかんに読み、そのナロードニキの思想に親しんでいく。一九〇六年、長岡出身のキチを妻に迎える。当時としては珍しい恋愛結婚であった。

さて、未明は卒業すると島村抱月の紹介で早稲田文学社へ入社する。そこでの仕事は児童雑誌

『少年文庫』の編集であった。あるとき、巌谷小波に抱月はこういったという。「今、自分のところには、小説を書いている小川という青年がきてるが、これは将来、きっと、あなたの分野にいくものだと思う」と。[*34]雑誌は一号で中絶するも、未明にとって童話作家として足を踏み出す重要な動機となった。一九〇七年、長女晴世が生まれ一家は喜びに包まれる。この年、未明は『緑髪』を刊行しているが、自序には児童文学に関心をよせる未明の姿がある。

自分は、いつまでも子供でありたい。たとへ子供でゐることができなくても、子供のやうに美しい感情と、若やかな空想をいつまでも持っていたい。[*35]

大急ぎで年譜をたどってきたが、あるいは未明がベックリンの絵と出会ったのはこの頃であろうか。年譜によれば未明は、読売新聞の社会部夜間記者をやめたのち、一九〇八年には『秀才文壇』の記者となり長男哲文が生まれるのであるが、「赤いろうそくと人魚」の成立に関わって「童話を作って五十年」と自伝的小説「魯鈍な猫」に興味深い記述がある。「明治四十一年のことです。新聞社にいた時よりは、月給もよくなったので、すこしは余裕もでき、丸善へいって新しい本を買うこともできました。そのころ買ったのが、ムーテルの近世絵画史の英訳本で、今も持っております」。[*36]先に高田中学時代の叙述で、ベックリンの描いた「波のたはむれ」といふ絵を見たときに、私は、あっ！　と思いました。その女の人魚の顔のどこかに、見覚えがあるやうな気がしたからです。[*37]

と引いた、この丸善で買った「近世絵画史」こそ、「私の大好きなベックリンやギュスターヴ・モローのことが書いてあった」のである。[*38]ベックリンの「波のたはむれ」との出会いは、否応なく高田中学時代の〈北〉の記憶を呼び覚ます。それはあの頃下宿していた「歩くことのできない、ゐざりであった」母親とその娘の記憶である。ベックリンの絵との出会いは、未明をして健作少年時代の記憶の糸をたぐりよせしめた。このことが「赤いろうそくと人魚」の成立に深く関わっているのは想像に難くないが、はたしてこの出会いは偶然であろうか。後年未明は「新ロマンチシズムの転向」というエッセイで、ベックリンの絵に次のような意味をこめている。

ベックリンの絵やストックの絵は、これを荒唐無稽の妖怪画として見ることができない。神経だけで描かんとした芸術、白日の恐怖をそのまま情緒の世界に映して、夢遊病者的な夢幻な感覚を書いても、これを単に、初期時代の奇を求めるといふことだけで片附けてしまふことはできなくなった。なぜなればすべて是等の感覚や、感情や、本能の迸出は、現実の刺戟から浸んでゐるからである。現実生活の苦悩から、産まれて来てゐるからである。即ち、血で描いた画だからである。[*39]

未明にとってベックリンの絵はたんに好きであったというだけではない。それは、新ロマンチシズムを標榜する自らの美学に深く根ざしたものであった。すなわち、未明によれば、十九世紀初期のロマンチストは、人間の霊魂の存在を信ずることが可能であり、限りあるこの人生の苦しみや悲しみを、霊魂の世界における人間真実の触れ合いを想定することによって超越しえた。ところが、これに次いで興った自然主義は、肉体と物質を重視し、ロマンチストが信じた人間霊魂を、肉体の機能であり有機質の作用に過ぎないとした。たしかに、現実の生活を離れて自己の生活意識を他に求めることはできない。だが、同一の外的事情にすべての人が同じ反応を示すとは限らないのである。各人の個性にしたがって、その反応や表現はさまざまであり、その個性の特質を最大限に発揮して特異な感覚や情緒を追い求めるものが、新ロマンチシズムであるという。*40

このような美学をもった未明としてみれば、上が述べているように、ベックリンは、まさに未明がその文学において行わんとしたことを、絵画の領域において実現してみせてくれたものにほかならなかった。*41

さて、年譜に戻れば時あたかも文壇では自然主義全盛の頃。未明は一九〇九年には雑誌記者その他すべての勤めをやめて文筆で立とうと決心するも、生活は貧困を極め、また作品はその空想性や幻想性を批判され、文壇のなかでは孤立した存在であった。未明にとっていわゆる逆境の時代である。

何と言っても、はじめて、作家を志してから、苦しんだことは、独自の境地を行こうとする努力と、その作品を直に金に換えなければ、衣食することができなかったことです。文壇の大勢に、時としては、反抗したものを書き、それを売らなければ、ならぬということは、すでに其処に矛盾が存していたからです。少しの貯えもなく、家庭に欠乏を告げているにかかわらず、机に向かって、自分の理想を描こうとする――そこには、精神だけの飛躍が許されるとしても、直にペンを下に置いたと同時に、物質の欠乏から来る不安と悩みが感じられる。この二重の苦痛に悶々とした時代であります。[*42]

四 蘇る〈北〉の記憶――逆境の時代に二児を失って

一九一〇年、二児は栄養不良となる。その当時、売るに着物もなく、書物もなく、妻がはめていた指輪さえも抜き取らせて売りにいったという。[*43] こうした場面に際会するたび、未明の目に映った光景とは、

私は田舎におった時も、貧富の懸隔があることは知っていました。毎日勤労に過している者

が、米も高くて買えぬ、そういうしがない生活をしている人を見ると、ほんとうに可哀相だなと思いました。しかし東京へ来てからは、ブルジョアと無産者の生活の激しいちがいが、だんだん目について来たのです。*44

憧れだった雪のない〈南〉の世界。だが、そこで目にしたのは「子供は、飢に泣き、夫婦はこれがために争い、一家の中は、さながら地獄そのままに他ならぬ」世界である。「その日、その日、この社会には、どれ程、貧困のために、悩み、苦しみつつある者があるであろうか*45」。先にふれた「魯鈍な猫」はまさに逆境の時代の只中にある一九一二年に執筆された。未明は作中の〈私〉に次のように語らせる。

私は考えさせられた。この地球の上に存在するすべての物は、其の初めは、誰の所有にも属さなかった。また、深く考えれば、如何なるものでも、全く自分の独占にするということは意味のないことである。幼年時代乃至少年時代の思想は、最も自然に近いものである。……若し、社会の人々が、悉く、この幼年乃至少年時代の考えでいたなら、この社会には特別の貴重のものというものはない筈である。すべての物の価値は平等となる筈であるまいか。

「田舎が恋しくないか?」

そうだ、自分は、単に、どうしてもこの生きた人間を描かなければならぬと思った。而して、自分は光線の研究と色彩の調子を出すことに苦心した。けれど、若し、仮に画題となった労働者に自分の画を示して、「何のために画かれたか?」という根本の思想をうなずかせるまでには、自分の人生観または哲学が深刻でなかったのを語ったのである。―電車は過ぎてしまった。

僅か一坪にも足りない机の前は私の故郷《ふるさと》である。*46

「何のために画かれたか?」。作中〈私〉は画家ということになっているが、これは未明その人が自らに向けた問いではなかろうか。「何のために書いているのか?」。都会の貧困や物質文明の歪みをみるにつけ、この問いは切実なものとなって未明の胸を衝く。そのおり、大杉栄との出会いがあった。次第に未明はクロポトキンの人道主義に惹かれ作品は社会性を帯びていく。学説史上、未明のこの期の思想は新ロマンチシズムから社会主義へ、と描かれる場合が多いが、截然と区切ることはできないであろう。なぜなら、未明にとって「ネオロマンチシズムの精神は、実にサンジカリズムの衝動に、また、純粋アナーキズムの純情に通ずる、人間的良心である」からである。*47 この延長線上に「赤いろうそくと人魚」もある。ある時、未明は秋山清に「クロポトキンを考えるとね、クロの上には青いそらがある」と語ったそうであるが、*48〈青〉とは子どもの純真な心を象徴しているのではなかろうか。そして未明にとって、子どもとは、社会的弱者を象徴していると同時に帰るべき〈場〉である。子どもは声をあげることができない。声をあげることができない小さき者の「ために」、「最も自然に近い」子どもの心に帰ることによって社会に〈青〉の世界を回復する。これが未明の童心主義ではなかったか。

東京という〈南〉の現実を目の当たりにし、〈北〉からの時間と空間の隔りが広がれば広がるほど、未明は帰るべき〈場〉へと回帰する。作中、杉の木が繁る〈北〉の田舎からやってきた孤児に〈私〉は何度も問いかける。「田舎が恋しくないか?」。しまいには東京がよいという妻に「そうでないさ、やはり、子供の時分から遊びなれた故郷《ふるさと》がいいにきまっている」と感慨を催していう。[49]杉の木が繁る田舎にあるいは〈捨て子〉として育てられた未明は、〈南〉の貧しさや物質文明の歪みをみるにつけ、健作少年に回帰していったのかもしれない。サクは養女にいってしまった。中学時代の下宿先の娘は芸者に売られたか。東京にいようとも、けだし「僅か一坪にも足りない机の前は私の故郷《ふるさと》」なのである。

そして、この逆境の時代に未明は自らの子どもを失った。一九一四年十二月二十三日、長男哲文は疫痢によりはかなくも逝く。六歳であった。

「夢であるといいんだが。」と妻が独り言のやうに言った。——哲文はもう帰って来ない。……子どもは常に親の犠牲である。死んだ子供は最後まで犠牲であったことを憐れに思ふ。……自分等が無智のために子供を殺した。[50]

哲文を失いその四年後の一九一八年十一月四日、長女晴代は開放性結核のため十二歳で逝ってしまう。逆境の時代をともに過ごしてきた二児を失い、未明は激しく胸をかきむしられ、鋭く鞭うたれるのであった。未明の次女岡上鈴江によれば、亡くなった晴代が火葬場に運ばれた時、火葬場は混んでいたという。悲痛にくれていた未明は、そこで先に処理されるべきはずの娘の小さな棺があとまわしにされ、あとから着いた金持ちの家の棺が先に処理されるのを目の前でみた。

「貧乏だから、あとまわしにするのか！」

と、悲しみは怒りに変わり、激しく怒鳴ったという。

「一緒にいって下すった方たちが、『まあまあ、こんなところでどなったりするものじゃない』と、なだめて下さったが……」

貧困の苦しい生活のうちに、二度も子供の死という冷酷な厳しい現実にふれた父は、死を凝視したことによって生の真実にふれたのではなかろうか。「生命の表現がすなわち生活である」といっている。そして、たとえ短い期間でもいいから、ほんとうに人間らしい真実な生活をしたいとねがい、そして、それには虚偽や貧困や搾取のない社会を出現させなければならない、と信ずるようになったのではあるまいか。*51

未明はいう。「自分は純真な子供、正直な人間に向って訴えよう。……子供ばかりでもなく、成人でも童心のある人に興味を持たれるもの、それが文学革命になるものではないか……児童の世界の仕事をすることは、生命の伸長を信ずることです」[*52]。一九一八年には、少しずつ時代の風向きがかわってくる。鈴木三重吉が『赤い鳥』を創刊し、童話雑誌の創刊があいつぎ、未明の童話作品も次第に増えていくのである。二児を失ったその一年後、一九一九年には私たちになじみ深い童話集『金の輪』が刊行される。

私の死んだ男の子は、曾て一度も海を見たことがありませんでした。けれど、病院で死ぬ刹那に海に憧れていました。[*53]

右は『金の輪』の序文「童話の詩的価値」からであるが、同作品集は弱くはかないものへの鎮魂歌としての性格をもつと同時に、小埜裕二が述べているように幼少期より未明の孤独な心にあったものが形象されている。『金の輪』では、子どもであるがゆえに行き所がなく、さびしく空想世界に遊ぶことによって救済がもたらされているが、この救済の方向はやがて現実世界のなかでの救済へと姿をかえていく。未明にとって二児の死は現実社会の問題に目を向けさせる大きな契機ともなったのである。[*54]

一九二〇年、未明は大杉栄らとともに日本社会主義同盟創立に参加する。作家としてははじめて名をつらね、発起人のひとりに加えられた。未明は「一転機」をむかえることになる。この時、「自分の後を継がせようと思っていた」父澄晴が驚いて上京する。[*55] その時の様子を岡上は次のように伝えている。

未明：「田舎では正直でまじめに働いている百姓が食うや食わずの貧乏をしているのに、一方では不労所得で悠々と暮している地主たちがいるじゃありませんか。東京へ来てみても同じです。これを改めることこそ正義だと思う。世の中の理性に訴えてなんとか解決しなければならないと思っています」

じーっと父の言葉に耳をかたむけていた祖父は、やがて顔をあげると、父の目をじっと見かえしながら、

澄晴：「そうきけば判るな。正義のために、筆を執れ」

と、かえって父を励まして帰ったという。[*56]

かくして、一九二一年、すぐれて現実の物質文明ないし資本主義社会への批判的色彩を放った「赤いろうそくと人魚」が発表される。それは二月十六日から二十日の五日間、『東京朝日新聞』の夕刊に掲載された。この頃より、一九二六年の〈童話作家宣言〉の日がくることは約束されていたといえよう。本稿の最初に「赤いろうそくと人魚」の冒頭を引いたが、このあと次の言葉で物語は紡がれていく。

北方の海の色は、青うございました。[*57]

むすびにかえて──「ヒトリボッチノ少年」は〈北〉の方へ

以上、年譜をたどりながら、「赤いろうそくと人魚」が生まれる背景をみてきた。もちろん、年譜からこぼれ落ちている出来事はいくらでもあり、本稿は、眺めてきた海は違えど未明と同じく北国生まれの私が切り取った断章にすぎない。

未明は〈北〉に生まれ、〈捨て子〉として育てられる。ほんとうの捨て子ではないのか。出生の疑惑は〈北〉の暗い自然と相俟って、ますます彼の孤独を深め、やがて雪のない〈南〉にあこがれる。東京という〈南〉に降り立った未明が目にした光景とは、貧困にあえぎ物質文明の歪みから逃れられない人びとの姿であった。自分は「何のために書いているのか?」。胸をかきむしられる。子どもの頃の「純一な、輝かしい」心性を取り戻すことによってこの社会を変えていくことはできないであろうか。たしかに、子どもの頃は決して帰ってこない。だが、「子供の時分の真実なる感想は、今もなほ子供の魂に触れ、神経に通ずる」はずである。[*58] こうした想いが童話という表現形式のうちに作品として結晶化していく。

この逆境の時代、あるいは「真実なる感想」をこれから育むであろう未明の子どもたちは、〈南〉の地ではかなくも逝った。「私の死んだ男の子は、曾て一度も海を見たことがありませんでした」。このとき、未明は〈北〉の海を子どもに見せることができなかったことをどれだけ悔やんだであろうか。もう一度、「赤いろうそくと人魚」の冒頭を引こう。「人魚は、南の方の海にばかり棲んでいるのではありません。北の海にも棲んでいたのであります」。子どもたちを失う何年か前に、未明は人魚が描かれているベックリンの「波のたはむれ」に出会っていた。〈北〉の海をみることなく夭折した子どもを想うたび、〈南〉で出会った人魚の絵の記憶が鮮やかに蘇ったのではなかろうか。それはとりもなおさず、未明をして幼少時代を過ごした〈北〉の記憶を否応なく呼び覚まさせる。中学時代に下宿していた「歩くことのできない、ゐざりであった」母親がありありと目に浮かぶ。あの娘は芸者に売られただろうか。サクは養女にいってしまった。記憶の糸は、過去の方へ、〈北〉の方へと回帰する。そして心細い夜、祖母から人魚伝説の話をきいたのであった。人魚は「北の海にも棲んでいたのであります」。そこにいるのはもはや健作少年の姿であり、たとえ〈南〉にいようとも、「僅か一坪にも足りない机の前は私の故郷《ふるさと》」なのである。未明は帰るべき〈場〉へと帰ってゆく。〈南〉にいる未明をして、〈北〉の健作少年との出会いこそが、「赤いろうそくと人魚」を誕生せしめたのである。

幼少時代、父は留守がちであった。そのため健作は、ひとりぼっちで淋しい日を〈北〉の自然のなかで幾日も過ごした。近年、小埜裕二によって未明文学の〈原点〉として指摘された追憶のうたをひきたい。[59]それは、後年未明によって書かれた「ヒトリボッチノ少年」という作品であり、まぎれもなく「真実なる感想」である。

シカシ、ヒトリボッチ　ハ、イツデモ、カナシイ　コト　トハ　カギリマセン。マタ、アルトキ　ニハ、タイセツナ　コト　デモ　アル　ノデス。

セン日、私　ガ、イナカ　ヘ　イク　ト、サムイ　カゼ　ノ　フク　中　二、タッタ　ヒトリ　デ　アソンデ　イル　コドモ　ヲ　ミマシタ。

『ボウヤ　ハ　ナニ　ヲ　シテ　イル　ノ。』

ト　私ガ　キク　ト、ソノ　子ハ　ダマッテ、ニギッテ　イル　アカイ　実ノ　ツイタ　ヤブコウジ　ト、フキ　ノ　トウ　ト　小サナ　石コロ　ヲ　ミセマシタ。

ソノ時、私　ハ、ジブン　モ　コドモ　ノ　コロ、コウシテ、ヨク、ヒトリボッチ　デアッタ　コト、ソシテ、草　ヤ　石コロ　ヲ、オトモダチ　ト　シテ　アソンデ　イル　ウチニ、イロイロ　ノ　コト　ヲ　マナンダ　コト　ヲ、オモイダシタ　ノデ　アリマス。[60]

どうして、未明の作品を読むたび、淋しくも懐かしく、悲しくもあたたかい気持ちになるのだろう。それは、幼少の頃の言い知れぬ心細さが蘇ると同時に、その淋しさの影を曳く誰かが強く意識されるからではないか。

先に人魚の娘のモデルとして、二人あがったと書いた。サクと下宿先の娘である。どちらが正しいとは言えないであろう。記憶はいくえにも重なりあっている。だがもし、人魚の娘とは誰かときかれるならば、これらの記憶を蘇らせた未明の〈北〉の記憶そのものであり、ヒトリボッチノ少年・健作の姿であろう。あるいはまた、人魚の娘の淋しさに自らを重ねあわせる私たち一人ひとりかもしれない。

［註］

（1） 小川未明「赤いろうそくと人魚」、小川未明『定本 小川未明童話全集』一巻、講談社、一九七六年、二六四頁。

（2） 人魚伝説とは、新潟県上越市大潟区雁子浜に伝わるもので、小山直嗣によれば次のような話である。「昔、佐渡の小木から明神さまの常夜燈をたよりに、毎夜舟で潟町の男のところに通ってくる女がありました。せっかく来ても会って語る時間はわずか、鶏が暁を告げる前に、また舟に乗って帰って行きました。男には親同士で決めたいいなづけの娘がいましたが、ふとしたことから佐渡の女と知り合い、毎夜逢瀬を楽しんでいるのでした。しかし、男はあまりにも強い女の情けが恐ろしくなり、別れることを考えるようになりました。そしてある夜佐渡の女が舟を漕ぎ出して途中まで来た時刻に、常夜燈のあかりを吹き消してしまいました。その翌朝、明神さまの崖下の海岸に若い女の溺死体が漂着しました。長い黒髪は乱れて白い顔にふりかかり、人魚のようでした。村人のさわぎを聞いた男は、もしやと思い近寄って見ると、やっぱり佐渡の女でした。男はいまさらのように自分の薄情を悔い、自責の念に耐えかねて、ついに女のあとを追い海中に身を投げてしまいました。この二人の結ばれなかった恋に同情した村人たちは二人を常夜灯の近くの丘に埋葬し、一基の比翼塚を建て、ねんごろに弔いました。」（小山直嗣『続・越佐の伝説』野島出版、一九七二年、五六〜五七頁）。人魚の女に対する人間の裏切り、お宮の灯、暗い海を行く船など、「赤いろうそくと人魚」と多くの共通点をみいだすことができる。

（3）巌大漢「赤い蝋燭と人魚」、小埜裕二編『解説 小川未明童話集 45』北越出版、二〇一二年、三七〜四一頁、参考。

（4）相馬御風「小川未明論」、秋田雨雀ほか編『現代日本文學体系』三三巻、筑摩書房、一九七三年、四三〇頁。

（5）本稿は、「赤いろうそくと人魚」の背景を探るにあたり、上笙一郎『未明童話の本質――赤い蝋燭と人魚の研究』勁草書房、一九六六年の研究成果にその多くを負っている。また、年譜は、岡上鈴江『父 小川未明』新評論、一九七〇年、佐伯彰一・松本健一監修『小川未明――作家の自伝103』日本図書センター、二〇〇〇年などを参照した。

（6）小川未明「自伝」、佐伯彰一・松本健一監修『小川未明――作家の自伝103』日本図書センター、二〇〇〇年、七頁。

（7）高橋美代子『小川未明童話論』新評論、一九七五年、一八頁。

（8）岡上鈴江、前掲、二二頁、小川未明「自伝」、前掲、七頁。

（9）上笙一郎、前掲、一二〇頁。

（10）小川未明「麗日」、佐伯彰一・松本健一監修『小川未明――作家の自伝103』日本図書センター、二〇〇〇年、七二頁。

（11）畠山兆子・竹内オサム『小川未明 浜田広介――日本児童文学史上の7作家 2』大日本図書、一九八六年、一八頁、参考。
(12) 高橋美代子、前掲、一七九頁。
(13) 小川未明「麗日」、前掲、七九～八一頁。
(14) 小川未明「童話を作って五十年」、佐伯彰一・松本健一監修『小川未明――作家の自伝103』日本図書センター、二〇〇〇年、三一頁。
(15) 高橋美代子、前掲、一九頁。また、上笙一郎は次のように述べている。「『赤い蝋燭と人魚』の……蝋燭屋の老夫婦に拾われた人魚の少女という構想は、隣家の蝋燭屋へあずけられた未明自身の身の上から来たものである。そうして、人魚の少女が蝋燭に魚や貝殻の絵を描いたというあたりは、隣家にあずけられた未明に同じような経験があり、それが潜在意識としてひそんでいたところから現前して来たのかもしれない。」（上笙一郎、前掲、一二〇頁）。
(16) 小川未明「自伝」、前掲、七頁。
(17) 同右、七～八頁。
(18) 同右、八頁。
(19) 小川未明「童話を作って五十年」、前掲、三五頁。
(20) 上笙一郎、前掲、九八～九九頁。
(21) 小川未明「童話を作って五十年」、前掲、四三～四四頁。
(22) 高橋美代子、前掲、二八～二九頁、参考。
(23) 小川未明「私を憂鬱ならしむ」、小川未明『定本 小川未明小説全集』六巻、講談社、一九七九年、二四三～二四四頁。
(24) 上笙一郎、前掲、五四頁。

(25) 小川未明「赤いろうそくと人魚」、前掲、二六九頁。
(26) 上笙一郎、前掲、五五頁。
(27) 小川未明「私を憂鬱ならしむ」、前掲、二四四頁。
(28) 上笙一郎、前掲、一三七～一三八頁。
(29) 相馬御風、前掲、四三〇頁。
(30) 小川未明「童話を作って五十年」、前掲、三三頁。
(31) 小川未明「上京当時の回想」、佐伯彰一・松本健一監修『小川未明――作家の自伝103』日本図書センター、二〇〇〇年、一四～一五頁。
(32) 小川未明「童話を作って五十年」、前掲、三九頁。
(33) 小川未明「面影」、小川未明『定本　小川未明小説全集』一巻、講談社、一九七九年、一五頁。
(34) 岡上鈴江、前掲、四七頁。
(35) 小川未明「自序」(『緑髪』)、小川未明『定本　小川未明小説全集』六巻、講談社、一九七九年、四〇二頁。
(36) 小川未明「童話を作って五十年」、前掲、四二頁。
(37) 小川未明「私を憂鬱ならしむ」、前掲、二四三頁。
(38) 小川未明「魯鈍な猫」、佐伯彰一・松本健一監修『小川未明――作家の自伝103』日本図書センター、二〇〇〇年、二四四頁。
(39) 小川未明「新ロマンチシズムの転向」、小川未明『定本　小川未明小説全集』六巻、講談社、一九七九年、二九一頁。
(40) 同右、二八七～二九一頁。
(41) 上笙一郎、前掲、七五頁。

(42)小川未明「貧乏線に終始して」、佐伯彰一・松本健一監修『小川未明――作家の自伝103』日本図書センター、二〇〇〇年、二二頁。
(43)同右、二二頁。
(44)小川未明「童話を作って五十年」、前掲、四三頁。
(45)小川未明「貧乏線に終始して」、前掲、二四頁。
(46)小川未明「魯鈍な猫」、前掲、二三一～二三二、二二〇、二五〇～二五一、二七五頁。
(47)小川未明「新ロマンチシズムの転向」、前掲、二九五頁。
(48)秋山清『アナキズム文学史』筑摩書房、一九七五年、四八頁。
(49)小川未明「魯鈍な猫」、前掲、二三二頁。
(50)小川未明「最近の日記」、小川未明『定本　小川未明小説全集』六巻、講談社、一九七九年、一四四～一四五頁。
(51)岡上鈴江、前掲、五五～五六頁。
(52)小川未明「童話を作って五十年」、前掲、四六～四七頁。
(53)小川未明「童話の詩的価値」、小川未明『定本　小川未明童話全集』一巻、講談社、一九七六年、三七〇頁。
(54)小埜裕二「金の輪」、小埜裕二編『解説　小川未明童話集　45』北越出版、二〇一二年、二九頁、参考。
(55)小川未明「自伝」、前掲、九頁。
(56)岡上鈴江、前掲、一五二頁。
(57)小川未明「赤いろうそくと人魚」、前掲、二六四頁。
(58)小川未明「自序」、小川未明『赤い蝋燭と人魚――新選　名著復刻全集』ほるぷ、一九七四年、二頁。

(59) 小埜裕二「昭和期の未明童話」、小埜裕二編『新選 小川未明秀作童話50——ヒトリボッチノ少年』蒼弓書林、二〇一二年、二六〇頁。
(60) 小川未明「ヒトリボッチ ノ 少年」、小埜裕二編『新選 小川未明秀作童話50——ヒトリボッチノ少年』蒼弓書林、二〇一二年、二一六~二一七頁。

「ドブネと水族博物館」

古賀　治幸

・鉄道とドブネ（駅弁「磯舟」）

鉄道には駅弁が付き物である。日本でもかなり早い時期に鉄道が敷設された直江津駅は、北陸本線と信越本線の乗り換え駅であり、現在でも多くの種類の駅弁を販売している。その直江津駅の駅弁の中にかつて「ドブネ」という船の形をした陶器製の入れ物の駅弁があった。半世紀近く前のことであるが、その入れ物が珍しく、日本海を見ながら汽車の中で食べたあと、家に持って帰ってとっておいた記憶がある。実際、一九六七（昭和42）年出版の『カラーブックス124　駅弁旅行』に「直江津／磯舟、『どぶね（はなきり）という文化財を容器の形にした、ちらしすし弁当』」と写真つきで掲載されている。[*1] その陶器製の駅弁「磯舟」は、直江津駅前の山崎屋（現ホテルハイマート）により昭和三〇年代から販売されたもので、当時の値段は二〇〇円であった。陶器製の容器は岐阜県の多治見で作成され、使用後は花を生ける容器にも活用されることを考慮していたという。[*2]

その後、駅弁の「磯舟」は一九七〇年代に容器を合成樹脂のベークライトに変え、紙製の袋に入れられ、一九九一（平成3）年まで販売されていた。そして、外装の紙袋には「どぶねのこと」として、「どぶね（はなきり）は造舟史上最も重要な資料とされており金具を全然使用していないのを特徴としています。現在直江津水族館に保存されており県の文化財並びに国の民俗資料重要文化財の指定を受けています。このどぶねの姿を粧ったちらし弁当『磯舟』は昔々の直江津港をしのぶにふさわしいものかと存じます。」と記されていた。[*3]さらにその外装の記述は、その後若干修正されていた。それは、「直江津水族館」ではなく「上越水族博物館」となっていたことである。[*4]

・ドブネ

では、駅弁「磯舟」のモデルであったドブネとは実際どのようなものなのか。ドブネとは、直江津を含む頸城地方の日本海沿岸で使用されていた、古い時代の刳《く》り舟の工法を残している小型漁船である。古い時代の形式の小型漁船は日本海沿岸に広く分布しており、定置網型、雑漁型、地引型の三つの類型があったが、頸城地方の沿岸では地引網漁で用いられたドブネが存在していた。

ドブネの船体は、船側部と船底部の一部を構成するようにL字型に刳られたオモキと呼ばれる主要船材と、ハタキと呼ばれる側板上部、チョウと呼ばれる船底部から形成され、船尾はトダテと呼ばれる底板の一部からなっていた。また、ドブネの船首は三角で、その上面がバンと呼ばれる波防ぎ板で覆われていた。そして、船材をつなぐ接合片のチキリは鼓型の木製のカスガイで、ドブネ一隻に五〇〇〜六〇〇個が用いられていた。

直江津から東の犀浜地区で用いられた犀浜ドブネは、舟釘を使わず、舟材の接合にはタタラ・チキリと呼ばれる木の接合片をはめ込み、漆を流し込ませることで接合していた。また、直江津から西の西浜地区で用いられた西浜ドブネは、船釘を用いており、船首部の船材の接合手法で犀浜ドブネとの違いがあった。

ドブネの特徴は、船体が軽く、冬などには数人で陸上へ運ぶことが可能で、舟の寿命が比較的長く、舟足も速かった。操船は主に櫂《かい》を用い、網の開け方によっては。櫓《ろ》も使用していたという。[*5]

ドブネにはいくつかの呼び名があり、またその表記もさまざまであった。犀浜ドブネはハナキリとも呼ばれ、大型のものはマカセ、小型のものはベンケイとも呼ばれた。このほか、上下浜や三ツ屋浜ではゴイラとも呼ばれた。

ドブネの漢字には、「胴船」「道船」「筒船」「土船」「洞船」「筬船」などが見られる。中村辛一氏の見解では、「土砂を運ぶのではなく、泥田や溝川で使用されているのでもないのに、土船の漢字表記はいささか不審でならない。ただ、土人・土民・土語・土俗などのように、地方的な意味で、越後や北陸あたりでだけ用いられると解釈すれば理解できないことはない。…しかし、瀬戸内海でも用いられていたのだから、その語源がローカルカラーの濃い船という意味の土船では充分な説得力をもつものとはいえない。」また、「ドブネは地引網の操作に働く船だが、地引網の形が「筬」(ど・どう)に似たところがあるため「筬」のような網を操る船という意味で「筬船」の呼称が生まれたものと考える。」としている。[*6]

上越市立水族博物館には、ドブネが展示されている。このドブネは、一九〇一(明治34)年三月に糸魚川市浦本の永越猪之松氏によって製作されたものである。舟釘を使わず、舟材の接合にタタラ・チキリを用いて、漆を流し込ませて接合していることから犀浜ドブネとされるが、製作され、使用された場所は西浜である。永越氏は直江津にあったドブネを参考に製作法を考え出したという。[*7]

一九五三(昭和28)年まで当時の直江津市西ヶ窪で地引網漁に使用され、その後、一九五四(昭和29)年七月に直江津市立水族博物館に寄贈された。そして、一九五五(昭和30)年二月には造船史上貴重な資料として新潟県文化財に指定され、さらに同年四月には国指定重要有形民俗文化財に指定された。展示品にはほか、弁当箱、樽類、櫂五丁、櫓一丁、アカトリ一個、ハマゲタ二足、地引網がある。

・水族館

上越市立水族博物館は、一般的な水族館ではなく、水族博物館の名称が用いられている。水族館（アクアリウム）には、水の「アクア」や海洋の「マリン」「シー」を冠する施設が多いが、水族博物館の名称は数少ない。[*8] それでは、上越市立水族博物館はいつから水族博物館の名称を用いていたのだろうか。ここで、元上越市立水族博物館長の小松泰一氏の「上越における水族館の歴史」を参考に上越市の水族館の変遷を見てみよう。[*9]

一九三四（昭和9）年、滝栄六郎（一八七七年に糸魚川市で生まれ、能生町で風呂屋、旅館業を営み、大正の初期には水族館を設置）が、八坂神社の前（西本町4）に水族館を設置したのが、上越市における水族館の最初とされる。

その後、一九三五（昭和10）年には、滝栄六郎の水族館は五智の国分寺の所（五智4）のわくら楼の入り口の右側に移転した。移転の理由は、八坂神社のところに水族館に行くための通路がなかったこと、降雨に際に周囲の水田が溢れ沼地のようになったこと、参拝人数が八坂神社より五智国分寺のほうが多かったことなどであったという。しかし、戦時下の物資統制により石油の配給が停止され、発動機の運転ができず水槽の水循環が停止して、一九四三（昭和18）年に水族館は自然閉鎖となった。

一九四九（昭和24）年四月、本砂山区の納屋元の中田松三が、地元の漁業振興の一環として、舟見区海岸にあった漁師百人衆の番小屋跡地に、水族館を建設した。しかし、設立して二年で経営難に陥り、一九五一（昭和26）年三月には財団法人直江津水族館として経営形態を変えることになった。その後、直江津町営水族館とすることを目的に寄付が募られ、信用金庫、信越化学、第四銀行、北越銀行、八十二銀行、頸城鉄道、上越病院、日曹工場、海陸運送などの企業や浜茶屋組合、諏訪区の冷蔵庫のほか、町内各区から多くの個人による寄付が行われた。

一九五三（昭和28）年六月、博物館法第一〇条の規定により新潟県教育委員会から博物館登録の許可を得て、観る水族館から学習、研究の水族館としての管理運営の方向が示された。そして、一九五四（昭和29）年四月に財団法人から直江津町、六月の市制施行により直江津市に移管され、名称が直江津市立水族博物館に改称された。先に見たように、このときにドブネが寄贈されたのである。

一九五六（昭和31）年、水族博物館は日本動物園水族館協会に加入したが、当時、全国で加入水族館は一〇館しかなかった。そして、海岸通りが波浪による浸食のため危険になったことから、水族博物館は一九五七（昭和32）年に御幸町の海浜公園に新築、移転した。新館は、大きなプール式の水槽が真中にあり、一方の壁に一三槽のガラスをはめこんだ水槽が並んでいた。また、屋外付属施設として、従前から寄贈動物として飼育されていたサル、アヒル、ガチョウの飼育舎（イシガメの飼育池を含む）、噴水池（円型）、チャボ、カモ、ホロホロ鳥、モウコキジ、クジャクなどの飼育舎も設置された。さらには、一九五四（昭和29）年に寄贈された「ドブネ」の保管場所として、一九五八（昭和33）年に文化財保存館が本館に隣接して建設されたが、一九六三（昭和38）年に本館と接続して一展示室に改造された。

当時の水族博物館では、毎年一一月に近隣の幼稚園児を招いて、展示魚を海に放してやる放流式が行われていた。これは、水族博物館に魚の越冬のための設備がなかったためであった。四か月の後、四月一日に水族博物館は開館し、直江津沖から能生沖の間で取れる魚が再び展示された。この頃の話が毎年『こどもこうほう なおえつ』に掲載されている。[*10] 改めて思えば、水族博物館の印象は、申し訳ないが、魚よりも飼育舎のクジャクとドブネの方が強く残っており、水族博物館の名称には違和感がなかったのかもしれない。

一九七一（昭和46）年、高田、直江津両市合併により上越市が誕生し、名称は上越市立水族博物館となったが、このころになると、諸設備の老朽化が目立ってきた。水族博物館協議会では再三改築の要請を行い、上越市教育委員会は一九七二（昭和47）年一〇月に策定した社会教育新興五か年計画の中で、「水族博物館の改築を行い、内容の充実をはかり、合わせて市民の憩いの場となるよう設計する」と述べた。

一九七五（昭和50）年四月、当時の植木市長が水族博物館の開館式の際に、数年後に新たな水族博物館を建設することを示し、これを機に基本的構想の立案がはじまり、一九七七（昭和52）年一二月には本格的な新築計画案が水族博物館運営協議会で審議された。一九七八（昭和53）年七月には、次年度からの二か年計画による基本構想が決まり、建設用地として五か所の候補地の調査がなされ、海水取水、水質、駐車場、土地取得の難易等の諸条件に最も適当な用地として、現在の場所が決定された。

新たな水族博物館は一九七九（昭和54）年六月に建設工事が着工し、一九八〇（昭和55）年七月に現在の上越市立水族博物館が誕生した。外観は「ドブネ」と巻貝をかたどっており、二階の魚労具コーナーには引き続き「ドブネ」が展示されている。

水族博物館の先の砂崖から見る日本海に沈む夕日は、格別の風景である。また、目線を西から東に移すと眼下に船見公園から防波堤の先ある港の建物が見える。かつてこの付近が砂丘であったとき、今の船見公園のあたりの海が港であったという。水族博物館から道路をはさんだ海浜公園の小高い場所にある平和の像の斜め先にはかつての水族博物館と図書館があり、学校とは違うもう一つの学びの場があった。

［註］

（1）石井出雄『カラーブックス124　駅弁旅行』（保育社、一九六七）四四頁。

（2）駅弁の「お弁当 磯舟」については、直接携わったホテルハイマート社長の山﨑邦夫様から貴重なお話を伺いました。改めてお礼申し上げます。また、「磯舟」に関する資料を送ってくださったホテルハイマート総務の立石稔様にもお礼申し上げます。

（3）ここで用いた資料は筆者の兄が保管していた一九七八（昭和53）年三月に購入した駅弁「磯舟」の外装の紙袋で、横三五cm、縦一一cm、幅六cmのものである。また、ホテルハイマートから送っていただいた写真資料によれば、陶器製の「磯舟」の包み紙にも同様の文章が読み取れる。なお、紙袋に入った新たな容器の「磯舟」は、一九八三（昭和58）年発行の「全国駅弁案内」（社団法人国鉄構内営業中央会・非売品）にも掲載されている。(http://ekibento.jp/are-s28chuubu.htm)。

(4) ホテルハイマートから送っていただいた駅弁「磯舟」の紙袋による。

(5)「ドブネの製作工程」『無形の民俗資料記録 第1集』（文化財保護委員会、一九六二）。また、ドブネについての資料を見せていただき、いろいろと説明してくださった上越市立水族博物館資料係長の馬場正志様に改めてお礼申し上げます。

(6) 中村辛一「『どぶね』語源考」『頸城文化』19号

(7) 直江津水族博物館「民俗文化財調査票」

(8)『上越市史通史編6 現代』（上越市、二〇〇二）。四三四頁。

(9) 小杉泰一「上越における水族館の歴史」『上越市立水族博物館館報』一九九一参照。

(10)『こどもこうほう なおえつ』（直江津市役所、一九六七―一九七一）

第五章

直江津と佐渡の「山椒大夫」

杉山　精一

上段　佐渡南片辺の「安寿塚」

⑥　下段　直江津　関川河口付近の「安寿姫と厨子王丸の供養塔」

はじめに

「越後の春日を経て今津へ出る道を、珍しい旅人の一群れが歩いている。」と始まる森鷗外の「山椒大夫」[*1]で知られる安寿と厨子王の物語は、登場人物の足取りをたどると、実は地理的に非常に広い範囲を含む物語である。彼らが出発した伊達郡信夫荘（福島県）、物語の発端となる直江津から母子が売られる蝦夷が島（佐渡島）[*2]・丹後国。山椒大夫のもとを逃げ出した厨子王は、足腰が立たなくなり、聖に背負われて京都へ。その後、四天王寺（大阪）で鳥居にすがって奇跡が起きる。[*3] そしてまた、青森県にある岩木山の山の神は安寿姫と伝えられている。[*4] このように青森から大阪まで物語の断片を伝える遺跡・伝承は多く、これはとりもなおさず「山椒大夫」の物語の原型となった説経節（以下、説経）の語り手たちの足跡を示すものだろう。

JR信越線直江津駅を降り、北口から駅前通りに沿って進みながら直江津の中心部を抜けると、関川に至る。そこにかかる荒川橋のたもとに林芙美子の『放浪記』の石碑が建っている。林芙美子については、また別項で触れられることになろう。そして、そこから川沿いを河口に向かって一キロほど歩くと琴平神社の近くに「安寿姫と厨子王丸の供養塔」が立っている。

これは安寿と厨子王たち母子・姉弟が直江津の人買い山岡太夫にだまされるという場所が、荒川（関川）にかかる応化の橋のたもとであったため、現在の荒川橋の近くに供養塔が建てられた。昭和六二（一九八七）年、関川改修のために現在地へ移されたものである。[*5] また、上越市寺町にある妙国寺には、その山岡太夫の墓と称するものが残っている。

このように上越市には「山椒大夫」あるいは「安寿と厨子王」の物語にまつわる伝承や遺跡がいくつも残っているのだが、同様に山椒大夫の本拠地丹後国由良の港（現京都府宮津市）付近[*6]や、安寿と厨子王の母が売られて行ったとされる佐渡島にもさまざまな伝承・遺跡が残っている。

さて、本稿では森鷗外作「山椒大夫」によって知られる「安寿と厨子王」の物語を紹介しつつ、上記のように各地さまざま残っている「山椒大夫」関連の伝承のうち、上越と佐渡地域に関連するものを中心にご紹介したい。というのも、この物語は説経という中世に生まれた唱導文芸、すなわち仏教の説経（説教）が平俗化し節をつけて語られるようになった、語り物芸能の物語である「さんせう太夫」をもとにしており、説教師たちは各地を廻国放浪しながら、その時と所を勘案しながら語ったと考えられるために多くのバリエーションが生まれた。そのために最もよく知られる鷗外の作品にはない、あるいは意図的に除かれたと考えられる部分も多いのである。そして、そうした箇所にこそ特定の時代や場所の実情が現れているとも考えられる。したがって、本稿は「山椒大夫」という素材を使用しながら、この著作のタイトルである「日本海沿いの町」の一面を示すことが目的である。まずは一般に最もよく知られる森鷗外の「山椒大夫」、そして、そのもととなった説経の「さんせう太夫」のあらすじをたどってみたい。

一　「さんせう太夫」と「山椒大夫」

有名な森鷗外の「山椒大夫」は、説経「さんせう太夫」を素材にして近代小説にしたものである。説経とは前出のように中世に生まれた語り物芸能であり、仏教の説経すなわちお坊さんの説教が節をつけて音楽的に語られるようになったものである。説教というと今では小言を言い聞かせるという意がすぐ浮かぶが、そもそもは「説教」が宗教の教えを説き聞かすことであり、「説経」が経文の意味を説き聞かせることであった。現在法話とか法談といわれているお坊さんのお話が説教であり、また説経である。なにやらお坊さんの法話とかいうと堅苦しいイメージがあるが、室木弥太郎氏によると、説経の持つ芸能的側面、語りのおもしろさに得がたいものがあり、最近では節をつけて語る節談説教が見直されているという。実際筆者が体験、見聞した法事などでの事例でも、僧侶が法話の中で、巡礼や信者たちが歌った、仏の徳をたたえる歌である御詠歌を歌ったり、歌とまではいかなくても物語風な部分で節や抑揚をつけて語ったりする場面に出くわしている。情報過多の現代においてすらこうなのだから、情報を得るメディアが非常に限られていた中世近世においては、なおさら「わかりやすく伝える」という効用が重視されたであろう。ただ、おもしろいことに、説教と説経が混在していた近世初期に、本願寺は親鸞の伝記などが浄瑠璃で上演されるのを町奉行に働きかけ禁止している。「土民下臈の類」が親鸞聖人の伝記や御開山の物語を気安く楽しむのはけしからん、ということである。「それは芸能の徒を卑しむだけでなく、本願寺の立場に『御伝鈔』やそれに関する説教を独占し、末寺の生活権を擁護するという責任があったからであろう。」このように説教は、説経あるいは浄瑠璃と非常に似通った点がありながら、本願寺の権威に寄る寺院説教とは「その依って立つ基盤に、大きな違い」があったのである。[*7]

それでは説経で語られる「さんせう太夫」、森鷗外による「山椒大夫」のあらすじをみてみよう。

岩城判官平正氏は罪科を得て筑紫国へ流されている。正氏の妻子は領国の安堵を得ようと都へ上る途中、越後国直井の浦（直江津）にたどり着く。一夜の宿を借りようと各所を尋ね歩くが誰も貸してくれない。土地の者が言うには、この土地に人買いが跋扈しているらしく取り締まりのため領主が旅人に宿を貸すことを禁じたという。嘆く親子に通りがかりの女房が言うには、近くの川にかかる応化の橋のたもとで一夜を明かすがよいとのこと。その助言に従い、母子主従は応化の橋の下で野宿する。山岡太夫という人買いがこの一行をだまして船に乗せ、沖合で他の人買いであるゑどの三郎[*8]に母親と乳母、宮崎の三郎に安寿と厨子王の姉弟が売られてしまう。前途を悲観した乳母は海に身を投げ、母親も続こうとしたところ縄を掛けられ蝦夷に売られてしまう。[*9]彼女は逃亡を防ぐために足の筋を切られ、鳥追いをやらされる。安寿と厨子王姉弟は丹後の国由良のさんせう太夫の元に売られ、姉は潮汲みを弟は芝刈りに従事させられる。しかし、彼らはそもそも国主領主の姫君若君である。潮も汲めないし、柴も刈れない。このままでは彼らはさんせう太夫やその息子で意地の悪い三郎（「邪見なる三郎」）に責め殺されてしまうであろうと心配した村人たちが、代わりに柴を集め潮を汲んでくれた。しかし、これを聞きつけた三郎が意地悪をしてこの姉弟に手助けはならぬと触れを出す。悲観した姉弟はともに死のうと嘆き合うが、それを見た下人の伊勢の小萩に励まされ思いとどまる。その後、二人は正月一六日の「初山の日」に逃亡する計画を練るが、それがばれて姉弟は焼き金を当てられる拷問にあう。そして、とうとう姉は弟を励まして逃亡させるのである。そのため姉安寿は太夫や三郎の責めにあい、ついに落命するのである。逃亡した弟厨子王は丹後の国分寺に逃げ込み、聖の手によって追手から逃れ得た。そのとき聖は神々を勧請して大誓文を立て、なおも詮索する太夫一味に国分寺の守り本尊である金焼地蔵の霊験が現れ、一味は退散する。聖にその素性を打ち明けた厨子王は、身を隠すために籠に入れられ聖に背負われ京都へ出る。それまでの苦労のためか厨子王は足腰が立たなくなり、都では乞食になるが、仲間の子どもたちに養われ、土車に乗せられて大坂の「天王寺」へ向かう。[*10] 天王寺で鳥居にすがって足腰が立つようになった厨子王は、天王寺の阿闍梨に拾われ、寺の童子として暮らすことになる。そして、都の貴族梅津院に見出されその養子となり、帝とも対面し系図などを証拠として、もと父の所領であった奥州五十四郡の太守となった。権力を持った厨子王は丹後の国分寺の庭にさんせう太夫一族を呼び出し、太夫の子の三郎に命じて太夫の首を竹鋸で三日三晩引かせて復讐を果たす。そして、そののちに母を救い出すというものである。

以上のように説経のさんせう太夫は、厨子王がさんせう太夫のもとを逃げ出すことができたのは丹後国の国分寺の金焼地蔵のおかげであるし、足腰が立つようになったのは四天王寺の鳥居にすがってである、というように仏教の功徳が前面に押し出されている。それに対して、森鷗外が描いた「山椒大夫」は上記の「さんせう太夫」の近代版といわれ、近代版ゆえに中世色が色濃く残る復讐の場面がカットされる。残酷な復讐こそが、復讐する側にとっての自力救済、される側にとっての因果応報という、前近代の伝統を伝えるからだ。さんせう太夫は三郎に鋸で首を切り落とされ、三郎もまた往来で通りがかりの者たちに代わる代わる首を引かれるのである。かつて三郎が安寿に行った火責め水責めや錐で膝を突き刺すなどの陰惨な責め苦が、今度は自らの身に降りかかるのである。そして、下人であった安寿厨子王の姉弟に情けをかけてくれた太郎、二郎には丹後の国を半分に分けて地頭に任ずるという信賞必罰の態度もまた中世的である。[*11] こうした中世＝前近代的な場面がカットされる、ということ、すなわち岩崎武夫が言う「づし王とさんせう太夫の間に、暗黙の和解が生まれている[*12]」とはどういうことであろう。鷗外の「山椒大夫」から、その後の山椒大夫一族や関係者を見てみよう。

その年の秋の除目に正道（元服した厨子王の名）は丹後の国守にせられた。これは遥授の官で、任国には自分で往かずに、掾を置いて治めさせるのである。しかし国守は最初の政として、丹後一国で人の売り買いを禁じた。そこで山椒大夫もことごとく奴碑を解放して、給料を払うことにした。太夫が家では一時それを大きい損失のように思ったが、この時から農作も工匠の業も前に増して盛んになって、一族はいよいよ富み栄えた。国守の恩人曇猛律師は僧都にせられ、国守の姉をいたわった小萩は故郷へ還された。安寿が亡き迹はねんごろに弔われ、また入水した沼の畔には尼寺が立つことになった。[*13]（括弧内筆者）

これは何としたことか。山椒大夫は復讐されるどころか「一族はいよいよ富み栄えた」とある。また姉弟をいじめた三郎はどうなったかも触れられていない。これは鷗外の目的が「調和や均衡のとれた口当たりのいい作品として仕上げる」ことであり、実際「近代的な破調のない世界にまとめあげ」たのである。しかし、このことによって、太夫とづし王の間にあった支配―被支配の和解することにできない対立と、この作品の生命ともいえる被支配者のいきどころのない閉ざされた情念の表出を切り捨てたのであった。[*14]

二　鷗外版「山椒大夫」

前節で触れたように、森鷗外は前近代の考え方が色濃く残る説経の「さんせう太夫」をもとにして、というより換骨奪胎し、近代的な小説として通用するように改変した。その代わりに、いきどころのない情念の表出（それこそが説経の魅力ではないか）を切り捨ててしまった。

しかし、そうだとすると森鷗外版「山椒大夫」は、物語の肝ともいえる重要な要素を切り捨てた、ソフトで口当たりの良い、いわば出がらしのようなものなのだろうか。筆者がこの作品を参照している『現代日本文学館　森鷗外』に収録されている小島政二郎[*15]による作品解説から、鷗外版「山椒大夫」の魅力を見てみよう。

小島によると鷗外がこの作品を小説化するに当たって、「粟の鳥を追う女」の話が念頭にあり、それを一幕物に書きたいと思っていたのだという。「鳥を追う」というのは田んぼ畑や干してある穀物をついばみに来る雀などを、棒を振ったり木ぎれを打ち鳴らしたりして追い払うことである。安寿厨子王姉弟の母は売られた先の佐渡（説経では蝦夷）で鳥追いをやらされていたのだ。結末で出世した厨子王が佐渡まで母を探しに行き、そこで

安寿恋しや、ほうやれほ。
厨子王恋しや、ほうやれほ。
鳥も生あるものなれば、
疾《と》う疾《と》う逃げよ、逐《お》わずとも。

という歌を口ずさみながら鳥を追っている母とめでたく再会する。この歌も説経では素朴に、「つし王恋しや、ほうやれ。うわたき恋しや、ほうやれ。安寿の姫が恋しや」（うわたきは船から身を投げた乳母の名）となっているものを、鷗外が語感よく書き改めたものであるという。鷗外は、「粟

の鳥を追う女」の話を元に、歌舞伎の「世話物」のような一般人の人情ものを書きたいと考えた。鷗外の弟で演劇評論家の森篤次郎は、完成したら成田屋（団十郎のこと。時期的に「劇聖」と言われた九代目のことであろう）にさせようと言っていた。そして、のちに鷗外は「昔手に取ったままで棄てた一幕物の企てを、今単篇小説に蘇らせようと思い立った」のである。完成した「山椒大夫」を小島は「悲しい美しい物語」という。都合のいい、リアルでない作為が施されていることを承知の上で「これほどリアルで豊かな作品に接したことはない」という。この噺は作為をあえてしなければ、筋が通らない。したがって、荒唐無稽な突拍子もない話のつじつまを合わせるために、有意義な作為を施す。これは、そういった意味でのお伽話的作為なのである。そして、その作為ゆえに、「これほど勝手に空想をまじえて書かれたというのに、どこにもそういう薄手なところが感じられない。どこまでもリアルである」、という効果を生んである。[*16] このように小島は、鷗外版「山椒大夫」を評価する。

とすると、鷗外版「山椒大夫」は次節以下で述べる説経の「さんせう太夫」とは異なった次元の物語であるということができる。なぜなら、説経のさんせう太夫は、次のような様子が混在している物語である。

まず、安寿が厨子王を世に出すために犠牲となる「代受苦」にはキリストによく似た「償い主」「救い主」の面影があり、いわば安寿が巫女としての役割を担う。次に、厨子王が神仏の加護を得て窮地を脱するのみならず、梅津院との邂逅を経て父の旧領を取り戻し復讐を果たす不思議な出世譚、そして、金焼地蔵や天王寺の奇跡などの神仏の霊験譚の側面、これらが混在している物語であるといえる。それに対して、森鷗外版では、守り本尊こそ出てくるものの、厨子王が足萎えになることはなく、したがって京で乞食になることも天王寺の鳥居にすがって立ち上がることが出来るようになったことも省かれる。また、佐渡で見つけた母が盲目になっているところを「膚の守りの地蔵菩薩を取り出だし、母御の両目に当てたまひ」「三度なでさせたまひければ、つぶれて久しき両眼が、はつしと明きて、鈴を張りたる如くなり。」[*17]という場面も、「……見えぬ目でじっと前を見た。その時干した貝が水にほとびるように、両方の目に潤いが出た。女は目が開いた。」と実にあっさりと叙述している。ここに鷗外の意図は明白だろう。あたら霊験譚など多用せずとも、弟を逃がすために犠牲になる姉の献身の尊さ美しさを評価し、奴隷売買を禁じることで山椒大夫のもとの奴婢たちは解放され国が発展し、生き別れの母とも再会する。前近代的な「暗い情念」ではなく、利他的行為を通した自己犠牲の美しさを、整合性を持って小説という作品に完成させた。ここに鷗外版の魅力があるのである。

三　説経「さんせう太夫」の魅力

では逆に説経の「さんせう太夫」の魅力は何であろう。それはいうまでもなく、貴人であった親子が、人買いにさらわれることにより賤民となり、逃亡ののち貴人に戻るという出世譚、そして無慈悲なさんせう太夫たちに対する復讐である。そこには、領主層から強い抑圧を受け続けた民衆の、自由・解放への願望が色濃くにじみ出ている。徳川美術館所蔵の『歌舞伎図巻』には、ムシロの上に大きな傘を立てて簓《ささら》を摺りながら説経を語る男が描かれている。その周囲には座りながら、あるいは寝転がりながら客が説経に聞き入っている。「いずれも首を深くうなだれ、あるいは泣いている。号泣しているといった方が正しいかもしれない」。これは江戸中期の儒学者太宰春台の言う説経師の「哀みて傷る」の声によって触発された「最もナイーヴな、説経を享受する仕方であった」[*18]。こうした民衆の涙を触発する説経の魅力を、「さんせう太夫」のストーリーの中から、貴人が賤民となり、再度復活する話に焦点を絞って考えてみよう。

ここまで何度か引用してきた『さんせう太夫考』の著者岩崎武夫は、「さんせう太夫」を復活・再生の物語ととらえている。すなわち、貴人であった奥州の太守の妻子が、人買いにさらわれることにより賤民・奴隷となり、逃亡ののちもとの身分を取り戻すことにより貴人に戻るという物語である。そして、この復活・再生の場となるのが天王寺であった。中世の天王寺は『一遍上人絵伝』などに見られるように乞食・非人の溜まり場であった。これは天王寺が浄土と現世との境界領域にある特殊な空間という観念があったことを示している。非人たちは自らが穢れたものという意識を持ち、それがゆえに聖的空間に入ることを志向したのであり、そこに入れば神仏との関係で浄化されるという考えを持っていたと岩崎は言う。こうした場所で厨子王が復活していく場面は、当時の人びとが浄土の入り口という場で「復活―再生」するという観念を持っていたことを示し、単なるフィクションではない、リアリティを持った物語としてとらえていたことを思わせる。

さらに、勝俣鎮夫[19]は以上に加えて、安寿・厨子王一家は旅に出る時点からすでに貴人ではなく、もと貴人の牢人であり流浪・遍歴民であったことを指摘する。一家は「応化の橋[20]」という非常に示唆的な場で誘拐され、さんせう太夫の屋敷から逃げ出した厨子王が駆け込んだところは、中世では廃寺となり「無縁所」と化していた国分寺であった。[21]

それでは、厨子王の転生の様子を、契機となった出来事（括弧内）とその属性をチャートにまとめてみよう。

貴人　↓（父の失脚）遍歴民　↓（応化橋での誘拐 a）奴隷
↓（国分寺への逃亡）非人 b　↓（天王寺での復活）貴人 c

a　橋（応化橋）は註20にもあるように「この世とあの世」「此岸と彼岸」の境界領域である。よって、ここで身分の転換が行われるのである。

b　俗人は、非人を神仏の罰を蒙り、差別され疎まれる存在と考えてきたが、一方では、神仏の支配する聖の世界に属する人々とも考えられた両義的な存在であった。厨子王はこのような場所で俗界での隷属関係から解き放たれたのである。厨子王は京へ出てから足腰が立たなくなる。天王寺へ向かうとき土車に乗せられて運ばれることから不治の病にかかった非人として描かれていることになる。これは奴隷から解き放たれたと同時に、神仏の罰を蒙った象徴であろう。

c「聖なる空間」における、奴隷―非人からもとの身分への転換。aの応化橋で行われた転換が、再度行われ元に戻るのである。

《天王寺》という聖なる場所は、岩崎武夫が言うように「生命の転換と再生のドラマ」が行われる、「さんせう太夫」における最重要な場である。この場なしには、厨子王一家の、貴人だったゆえに味わう転落も、奴隷身分から解放されることによって非人に転化することも、不治の病にならねば天王寺へ行くこともなかったことから、病にかかる場面もなかったことになる。

そこはいわば人間の身分と属性との違いによって、幾通りもの役割と顔を持つ空間であり、また場合によっては時間の経過も複数の姿を見せるであろう場所である。

したがって、説経「さんせう太夫」が持つ物語の論理は、まとめてみれば、聖と俗というそれぞれに固有の論理を持つ空間・時間と、その構造を媒介にした人間の位相の転換であり、逆に近代とは、そうした聖と俗というそれぞれに独立した、また行き来可能な領域が失われ、一元化された領域に限定されていった時代ととらえることが出来ると思う。

四　佐渡へ

現在、佐渡島へ渡るには新潟からの佐渡汽船に乗船するのが、最も一般的であろう。五千トンクラスのカーフェリーで約二時間三十分、高速船ジェットフォイルが約一時間で新潟港と佐渡の両津港の間を結んでいる。それ以外に、新潟の寺泊と佐渡の赤泊間を高速船が約一時間で、そして、直江津からも佐渡の小木港へカーフェリーが就航している。こちらは約二時間四十分で佐渡へ着く。また、空路では佐渡空港開設以来、さまざまな航空会社が就航したが何度も中断し、現在では新潟空港—佐渡空港間を新日本航空の小さな双発機が約二十五分で結んでいる。

佐渡島は民話・昔話の宝庫である。[*22] 有名なものでは、ここで取り上げている「さんせう太夫」の異説だけでなく、木下順二の戯曲で、あるいは團伊玖磨によるオペラ化で有名な「夕鶴」の原案となった「鶴の恩返し」の話も伝わる。[*23]

さて、説経の「さんせう太夫」と森鷗外の「山椒大夫」の間にはさまざまな点で違いがあり、それらについては前節までに解説をしたが、佐渡に伝わる「安寿と厨子王」の話は、またそれらともいくつかの点で違いがある。その最大のものは、佐渡島に「安寿」の墓が伝わることだろう。厨子王の姉安寿は原作ともいえる説経の筋においても、鷗外版においても、前者ではさんせう太夫の息子三郎に責め殺され、後者では入水して果てることになっている。両者とも安寿の最期に佐渡が関係することはない。それでは、なぜ丹後の国の山椒大夫の本拠地近辺で亡くなったはずの安寿の墓が佐渡にあるのか。佐渡島における「安寿と厨子王」の話を見てみよう。

『佐渡の伝説』[*24]によると、平安のむかし、南片辺の鹿野浦に佐渡二郎という人買いが住んでいた。彼は越後の直江津で、岩城判官の妻で安寿姫・対王丸《づしおうまる》という二人の子の母である美しい奥方を手に入れてきた。彼らは直江津で山岡太夫という悪い人買いにだまされ、母子は別れ別れにされ奥方一人佐渡へ連れてこられたのだった。二郎は奥方をおのれの思うままにしようとしたが、どうしてもいうことをきかない。そのうち、ひどい折檻のため奥方は眼の病になってしまった。それでも二郎は奥方を容赦せずにこき使った。盲目となった奥方は鳥追いの仕事をやらされ、「安寿恋しや、ほうやらほ、対王恋しや、ほうやらほ」と歌いながら鳥を追った。そうした奥方の姿を村の悪童どもがばかにして「安寿が来たぞ」とか「おら対王だ」などとからかった。ところがある日、本物の安寿姫がやって来た。父の無実の罪が晴れて、対王が奥州の太守となり二人して母を探しに来たのだった。しかし、奥方はまた悪童どもがからかっているのだろうと思い、またこれまでのいたずらにとうとうがまんができなくなって、安寿を杖で思い切りぶちのめして殺してしまった。

非常に悲惨な話である。しかし、この話では安寿は山椒大夫のもとを無事に逃げ出したらしい。そうでなければ佐渡島まで母を探しには来られない。また、この話以外にも片辺の南側に位置する達者海岸の由来は、母と安寿・厨子王が再会し、お互いの達者を喜び合ったからである、という話、そして、盲目になっていた母の目を開かせたとの眼洗い地蔵の伝承が残っている。

また、浄瑠璃でも違うストーリーが残っている。佐渡に伝わる文弥節という人形浄瑠璃猿八座の太夫である、渡部八太夫のブログに紹介されている。それによると、山本角太夫正本（山本久兵衛板：延宝頃）とある「文弥節浄瑠璃集」に、佐渡文弥人形で演じられる「山椒太夫」が収録されている。この佐渡の文弥節で語られる角太夫山椒大夫のストーリーは、大筋は説経のものと同じであるが、乳母の息子が旅に同行したり、その男が山椒大夫の元から安寿を救い出し、安寿ともども佐渡へ母を探しに来る。しかし、哀れ苦労を重ねた安寿は母に抱かれて絶命してしまうのである。「佐渡の安寿は、この浄瑠璃によって存在していたのだ。佐渡の文弥人形はこの話しを語り継いで来たのである。」*25

畑野にある「安寿塚」は、その地で安寿が息を引き取ったとの伝承から安寿の墓とされるものであり、南片辺鹿野浦の海岸にひっそりと立つ「安寿塚」は、その地が佐渡二郎の本拠地であることから、安寿の供養のために立てられた祠である。

森鷗外は近代的小説として整合性を持つ「山椒大夫」を見事に作り上げ、利他的な安寿の行為を通して、献身や犠牲の尊さ、美しさを作品として結実させた。逆に、その美しさを得るために切り捨てられた、民衆の願望でもある前近代的な復讐や暗い情念は、活字にならない語りや伝承の世界で細々と伝えられてきたのである。実際、鹿野浦の安寿塚はもともとは「十二権現」の社だった。十二権現は熊野山伏の祈祷所であり、この山伏たちは比丘尼を妻として住むこともあったという。比丘尼が「アンジョ」や「アンジュ」（庵主）だった可能性もある。また、山椒大夫の物語を語り伝えたのは、何も説経師や文弥節、比丘尼たちとは限らなかったかもしれない。越後では盲目の瞽女たちが「山椒大夫」を語り歩いていた。[*26] 鷗外が為した整合性という近代化は、いわば均質的な時間空間というものであった。しかし、この直江津や佐渡に残る「さんせう太夫」の話は、民衆のさまざまな階層や時代状況を反映した複数の時間や空間が存在する、民衆が「これあれかし」と請い願う願望が具現化したものであったといえるのかもしれない。

［註］

（1）森鷗外の「山椒大夫」については、ここでは『現代日本文学館　森鷗外』、文藝春秋、一九九八年、を使用した。小島政二郎による「森鷗外伝」「作品解説」が付されている。

（2）鷗外版「山椒大夫」によって一般に膾炙したあらすじでは、母親が連れて行かれたのは佐渡島となっているが、この物語の元となった説経節においては蝦夷が島へと売られていく。もちろん、現実の蝦夷（北海道）というわけではなく、非常に遠方という意であろう。

（売られるよりも死を選ぼうと、身を投げようとする母親に対して船頭は）持つたる櫂にて打ち伏せ、船梁に結びつけて、蝦夷が島へぞ売つたりけり。（室木弥太郎校注『説経集』新潮社、一九七七年、九五頁）

（3）鷗外の「山椒大夫」には四天王寺の場面はない。厨子王は京都清水寺で自分を復権させてくれる関白師実と出会うのである。説経では架空の梅津の院となっている。鷗外が梅津の院を師実とした事情については、鷗外の「歴史其儘と歴史離れ」（『鷗外全集　第二六巻』、岩波書店）を参照のこと。

（4）「安寿を祭る岩木山に、丹後の人が登ると、必ずたたりがあり、丹後の船が寄港すると必ず天気が悪く

なる」（前出『説教集』四一〇頁）

（５）上越市ホームページ内上越市の観光のページを参照のこと（http://www.city.joetsu.niigata.jp/site/kanko/meisho-jo-13.html）。

（６）宮津市付近の「山椒大夫」関連の遺跡については、天橋立観光協会による宮津天橋立観光案内の栗田由良エリアを参照のこと（http://www.amanohashidate.jp/area_all.html）。

（７）室木弥太郎、『説経集』解説より（室木弥太郎校注、『説教集』、新潮社、一九七七年、三九八頁－三九九頁）

（８）ゑどは江戸か。明暦版では「ゑと」、寛文版・正徳版では「さど」と前出「説経集」脚注にある。母親が連れて行かれた場所が「蝦夷が島」か「佐渡が島」かの問題とともに、説経という話芸が諸国を旅する話者によって変化し生成する過程を伝えている。

（９）もちろん、ここでいう蝦夷とは現実の蝦夷が島すなわち北海道という意味ではなく、非常に遠方という意味で使われていると考えられる。しかし、蝦夷が佐渡に変化した理由は明らかではない。おそらくは語り手である説教師たちの足跡を表しているものと推察されている。

（10）不具者を土車に乗せ、目的地へ引いてやる（宿送り、村送り）のは先祖への供養となる。説経「小栗判官」にも同じ構造がある。「小栗」では、餓鬼となった小栗を土車に乗せ、藤沢の遊行寺から熊野へ送り込む。熊野の湯を浴びて餓鬼から蘇るという筋になっている。塩見鮮一郎、『中世の貧民　説経師と廻国芸人』、文藝春秋、二〇一二年、を参照のこと。

（11）加えて、安寿厨子王一行を最初にだまして人買いに売り飛ばした山岡太夫は、簀巻きにして水中に投げ捨てられる。逆に、山岡太夫の女房は夫と違い、この一行に情けをかけ、また夫に気をつけるように注意をうながしていたため、おそらくは恩返しのため、その行方を尋ねる。対照的な信賞必罰の事例である。

(12) 岩崎武夫、『さんせう太夫考　中世の説経語り』、平凡社、一九九四年、三八頁。

(13) 前出『現代日本文学館　森鷗外』、三五一頁。

(14) 前出『さんせう太夫考　中世の説経語り』、三八頁―三九頁。

(15) 小島政二郎（一八九四―一九九四）小説家、随筆家。戦前から戦後にかけて一世を風靡した大衆小説家であり、慶応大学教授、芥川賞・直木賞選考委員も務めた。

(16) 前出『現代日本文学館　森鷗外』、四六二頁―四六四頁。

(17) 前出、『説経集』、一四九頁

(18) 前出、『さんせう太夫考　中世の説経語り』、二二頁―二五頁。また、「歌舞伎図巻」の当該の箇所は、その表紙にカラーで見ることができる。

(19) 勝俣鎮夫、「説経『さんせう太夫』の構造」、網野善彦編『日本の名随筆　別巻九九歴史』作品社、一九九九年、所収)。

(20) 「橋」は両界をつなぐ境界領域である。

(21) 「無縁所」は縁切り寺・駆け込み寺の機能を持つ「アジール」的な場である。

(22) 佐渡の民話・伝説については、浜口一夫・吉沢和夫編、『日本の伝説九　佐渡の伝説』角川書店、一九七六年、を参照のこと。

(23) もちろん、「鶴の恩返し」の民話は佐渡以外にも各地に伝わる。ただし、木下順二が戯曲「夕鶴」を執筆する際に参考にしたものが、佐渡島北西部の北片辺に伝わる「鶴の恩返し」の伝承である。ここに「民話の館」があり、庭内に「夕鶴」の碑が立てられている。これは主演の山本安英の一千回公演を記念して、素材となった昔話の所縁の地に昭和六十一年に建てられたもの。木下順二の揮毫になる「夕鶴のふるさと」

の碑と、解説、わらべ歌の一節が刻まれた副碑が二つ立っている。佐渡以外にも山形県南陽市に「夕鶴の里」（資料館と語り部の館）が、静岡県伊豆市（旧天城湯ヶ島）に「夕鶴記念館」がある。

(24)「佐渡二郎と安寿姫の母」（前出、『日本の伝説9　佐渡の伝説』、一八六頁―一八九頁）。

(25) 佐渡で人形浄瑠璃を伝えている猿八座の太夫である渡部八太夫のブログ「古説経・古浄瑠璃の世界」より「もうひとつのさんせうたゆう」
http://satuma-sekkyo.blog.ocn.ne.jp/wakablog/2012/02/post_77ab.html

(26) 磯部欣三、「佐渡　―伝承と風土」、創元社、一九七七年、参照。

「二〇〇二年の直江津祇園祭」

籠島　幹

人生で最も短い一年だったかもしれない二〇〇二年（平成14年）。祇園祭抜きでは語れないこの年の自分の行動を追ってゆく。

例年、祇園祭実行委員会は年明け一月の下旬、住吉町の「竹葉《ちくよう》」にての基本打合せ会議から始まる。会議とはいえ新年会であるこの会は、直江津地区連合青年会からは会長のみが出席するので、年寄りのお偉方達の中で一人浮いた存在だった。町内会長やら商店街の会長やらの面々がほとんどだ。

直江津地区連合青年会（以下地区連という）とは、直江津地区各町内に属する一九の青年会を統括する上部組織。各青年会から順番に一名ずつが出て五名で構成する。任期が五年で一年ずつ役職が上がってゆく。会計、事務局、副会長、会長、顧問と。

丁度、二〇〇二年度の地区連会長となったため忙しさを覚悟し、サッカーのワールドカップも観てはいられんと思っていたら、それだけではなかった。

当御幸町《みゆきちょう》の新造屋台の建設委員でもあり、その竣工が二〇〇二年七月の祇園祭直前。前年から続く打合せにもまだ出なくてはいけない。更にもう一つ重大なことは、その四月に巡り合った女性を、配偶者にすることに決めたからだ。

地区連の仕事は祇園祭だけではない。六月に地区のバレーボール大会。地区連主催のボーリング大会。九月には体育祭を実行する。そしてその為の説明会、抽選会、役員会、反省会など。会議や飲み会ばかりだ。

前年度の総会が三月末にあり、年度が変わって五月には各町内の青年会長を集めて、新旧の会長会議。五〇人規模の顔合わせのような飲み会となる。その会議を経て、ボーリング大会バレーボール大会をこなし、いよいよ祇園祭の会議が六月の半ば過ぎから始まる。

地区連会長は祇園祭実行委員会の中では、祭事・屋台部の副部長という立場になる。つまり屋台運行や神輿渡御の責任者。その名のもと祇園祭

⑦「八坂神社」

前まで各青年会の長を集めて四回ほど会議を行い、細かい事を決めていく。
会長会議の議案はお饌米《せんまい》奉納の順番、屋台広場での位置、屋台運行表の取りまとめ、傷害保険と賠償責任保険、動産保険加入のとりなしなど。その四回の合間には、実行委員会の本会議や総会、花火打ち上げ現場の視察などをこなす。更には御幸町新造屋台の会合にも出つつ、婚約者との親睦も深めてゆく。唯でさえ残業の多いサラリーマンで、よく時間がとれたものだと思う。

八坂神社を神輿が出発する「発輿祭《はっこうさい》」は真夏七月二三日と決まっている。そこから「上越まつり」が始まるが、直江津に神輿が戻ってきてからの直江津祇園祭は二六日が初日となる。二五日に神輿の担ぎ手を集め説明会を行ったあと、地区連の五名はチョークとメジャーを持って荒川橋へ向かう。屋台広場での一八町内の屋台の停止場所を、地面に記してゆく。そして荒川町との境界線も。翌日が雨でないことを祈りながら。

直江津祇園祭は二六日から四日間。初日は高田から神輿が関川を下って戻ってくる。無事に新造なった御幸町の船形屋台を含む一八台が列をなし、笛太鼓で神輿を迎える。神輿には八坂の御霊《みたま》がおわす。御霊の代表「スサノオノミコト」は荒ぶる神。神輿を派手にゆすって迎えねば喜ばない。この日はまた「竹葉」に集合し腹ごしらえのあと、荒川橋へ向かう。
午後九時御座舟から恭しく上げられた神輿は、迎え花火が上がる中担ぎ棒が組まれ宮司よりお祓いを受ける。側には我こそはと先棒を狙う担ぎ手衆五〇名の殺気。ここからは地区連会長の拍子木で神輿が動く。

「かかれっ」と合図をすれば最後、人の渦が神輿にとりつく。「まだ上げるな！」「肩入れろ！」一辺が五cm長さ三五cmはある拍子木を打ち、先頭で神輿を誘導する。「早い！」「そっち抑えろ！」怒号が飛び交うが、周囲の屋台の笛太鼓は激しい「止まり」の囃子で隣の声も聞こえない。「ゎしょい！ゎしょい！」掛け声が重なる。統制のとれた喧騒。ばちばちとトーチの閃光が揺らぐ白煙を照らす。群がった恍惚の表情と汗だくの法被をも。沿道で声援を送る幾重もの陶然たる人垣を。

荒川町へ引き渡すまでに休憩が二回。止まる時には神輿を煽る。「肩ぬけえ！」「なか出ろお！」「うまー！」

三八市の通りで取って返し荒川町との境界へ向かう。「ゎしょい！ゎしょい！」境界の向こうでは荒川町の面々が屋台と共に今か今かと居並ぶ。その境界は一ミリでも超えてはならない。そう教えられている。

「止まれえ！」最後にまた何度も煽って漸く神輿に馬が入る。担ぎ手衆は陶酔の笑顔で散り、周囲は達成感と虚脱感に包まれる。およそ三〇分間叫び続けたため咽喉はつぶれ、それから一日まともな会話はできなかった。三尺玉が二発上がったはずだが、音も姿も見ていない。この日の人出は約一二万人、どうやって数えたかは分からない。

初日の大役が済んだ地区連の五人は翌朝六時に荒川橋たもとに集合し、近隣の方々と周辺のゴミ拾いをする。それから仕事に向かう。二七日は各町内にて神輿渡御に屋台運行。それは二八日まで続き、神輿は最後に我が御幸町の手によって八坂神社へお帰りになる。

例年御幸町の一員として神輿を還御しているが、その時間地区連には重なる役目があるので五年間参加はできない。民謡流しと運行する屋台との交通整理をしなければいけないのだ。

御幸町の神輿渡御はおよそ二時間。最後に八坂神社本殿周囲を三周し、最後の一周は頭上に指して周る。この栄えある渡御に参加できないのは辛いがしかたない。「鳥まん」に集合し一杯やってから仕事にかかる。裏巻きのトロ鉄火が妙に旨かった。

祇園祭最終日二九日は、お饌米奉納で幕となる。この日は「ばんらい」に集合し手伝い衆に飯を食わせ、お神酒で乾杯のあと配置につく。お饌米は午後七時に向けて一九の屋台を順番に並べて行進させ、次々に奉納させれば問題ない。と思いきや、最初の八幡の高張提灯がトラブって始まらない。そのロスをずっと引きずって終わる時間を一五分オーバーしてしまった。まあ大過ないが。

その後駅前商店街、商工会議所、役員、地区連総出で道にばら撒かれた紙吹雪を回収掃除する。雨など降ればタイヤが滑って事故となる。午後十一過ぎにやっと開放、咽喉は渇き疲労困憊。二九日の人出は四万二千人、四日間トータルでは一九万六千人とされている。

祇園祭本番が終わったとて、役目が終わるわけではない。八月末には地区連主催で祇園祭反省会、十月末には祇園祭実行委員会の反省会がある。その合間に九月末の直江津地区体育祭に向けての委員会が三回。

私事の挙式披露宴は一一月一〇日。その打合せに式場や貸衣装屋にも度々出向かわなくてはならない。招待状を出したり、席順を決めたり、使用する曲を選んだりと、日々が矢のように過ぎてゆく。仕事も忙しい。地区連の行事として一一月には研修と称して毎年一泊旅行があるのだが、この年はキャンセル。そのかわり直江津の飲食店に金を落とす。

会計としては各青年会から年会費をもらい、会議費や補助金も戴けるので飲み食い代には事欠かない。実際地区連として活動する分には、自費はないが報酬もない。

勤めている会社から特別有給休暇をもらい、新婚旅行でやっとのんびり。あっという間に年末だ。忘年会が数件、新年会も数件。年度の末で地区連の総会を行い、地区連会長の任がやっと解かれる。こんな一年間だった。祭りに携わる者としては、直江津中で一番働いた気がする。が、それもこちらが望んだこと、何の悔いもないし寧ろ誇らしくある。育ててもらった直江津に義理が果たせた思い。もちろん自分だけではない、こんな人間の集まりが直江津祇園祭である。

どんな祭りもそうだろうが、一人では出来ない。個人や個々の家庭、町内や各団体が力を出し合って成立する。それらの中で縦の繋がり、横の繋がりが醸成され、また町内間も繋がる。それが日常の中で普通に挨拶ができる、近すぎず離れすぎず助け合う近隣社会作りに貢献していると思う。この祭りを伝えていただいた先人祖先に感謝し、ずっと引き継いでいってもらいたいと願うのも、このためである。

直江津祇園祭は、およそ一〇〇〇年の歴史があるとされている。八坂神社も京都の流れをくむものとされている。この土地の疫病を退治してくれる強い神様を祀り、祈り乞い願うしか方法がなかった時代。自然に相対しては人々が寄り添い智恵を出し、仲良く互いに慈しむこと、より強い者が弱い者を守ることしかできなかった時代がある。が、老若男女がそれぞれの役割を果たすことによって沢山の人々が救われてきた。日本の社会が持つべき、誇るべき、基本的な能力なのだと思う。それを忘れないで続けていってもらいたい。

いつの時代にも「疫病」は、姿かたちを変えて存在するのだから。

（二〇一二年一一月、結婚十周年の記念の年に）

活動紹介

頸城野郷土資料室における「直江津文学碑めぐり」

桑野なみ

新潟県上越市を中心とした地域、かつての頸城郡一帯を地元の人々は「くびきの」と呼称する。平成二〇年に発足したNPO法人「頸城野郷土資料室」の主催で、くびきののフィールドに点在する石碑を巡る見学会を催している。私は現在、長岡市在住だが、郷里である上越地方への思いからNPO活動に加わり理事長の石塚正英氏に勧められ、「くびきのフィールド見学会〜文学碑めぐり〜」の案内人を務めることになった。平成二一年秋の第一回から春と秋の年二回、日曜の午前中を使って文学にまつわる碑を中心に新旧様々な石碑を訪ね歩く。天候の良い時だけでなく大風だったり途中雨に降られたり、自然と対話しながらカメラを片手に、見て感じたことや碑の由来について語り合う。普段暮らしている身近な土地を散策しながら、年長の参加者が歴史の生き証人のごとく町の移り変わりなど、案内人の知らないとっておきのエピソードを披露してくれる。名前は聞いたことがあるけれど…というその土地に住む人も知っているようでよく分からない、足元を再発見する楽しさがつまった見学会である。

「くびきのフィールド見学会〜文学碑めぐり〜」概要

第一回　平成二一年一〇月二五日（日）　一〇時〜一二時
　集合場所　高田別院
　参加者七名
　持ち物　資料、筆記用具、カメラ（以後同じ）
　見学場所　高田別院、久昌寺、天崇寺、光栄寺、本誓寺、浄国寺

第二回　平成二二年五月二三日（日）　九時三〇分〜一二時
　集合場所　高田別院
　参加者一〇名
　見学場所　金谷山、医王寺、高田養護学校、正輪寺、専念寺

第三回　平成二二年一〇月一〇日（日）　一〇時〜一二時
　集合場所　高田公園野球場駐車場
　参加者　九名
　見学場所　大手町小学校、高田郵便局、榊神社、高田公園、北城神明宮

第四回　平成二三年四月二四日（日）　一〇時〜一二時

集合場所　JR高田駅前
参加者　一〇名
見学場所　春日小学校、春日山神社、本願寺国府別院、五智公園、光源寺

第五回
平成二三年一〇月二三日（日）一〇時〜一二時
集合場所　JR高田駅前
参加者　六名
見学場所　五智国分寺、居多神社

第六回
平成二四年四月二九日（日）一〇時〜一二時
集合場所　JR高田駅前（途中乗車、現地集合者あり）
参加者二一名
見学場所　直江津中等教育学校、居多が浜記念堂、八幡宮、琴平神社、古城児童公園、覚真寺

第七回
平成二四年一〇月二八日（日）一〇時〜一二時
集合場所　JR高田駅前（現地集合者あり）
参加者七名
見学場所　大潟町中学校、鵜ノ木公民館、本敬寺、荒川橋脇

今までに見学した石碑（見学の途中で脱線し急遽立ち寄ったものも入れると…）は、六〇余り。直江津エリアは、第四回から第七回に該当する。文学に関連する碑を取り上げ、見学会で巡った所を中心に順を追って紹介していきたいと思う。

（注）碑のサイズの縦、横、厚さはそれぞれ一番大きいと思われる所を測定した数値。
文学碑の写真については、本書のテーマ（近代と文学）に特に関連した幾つかを掲載した。

写真(1)〜(6)の位置は一三頁の地図を参照。

●三樂句碑（本願寺国府別院）

勿體な　祖師ふみませり　雪五尺

浄土真宗本願寺派の国府別院。総欅造りの本堂の脇に、台座もなく見過ごしてしまいそうな碑である。この句の時代背景は不詳で、三樂は詠み人知らず（→居多ヶ浜記念堂・三樂歌碑を参照）といわれている。三五歳の時この地に上陸し、越後で七年間を過ごした親鸞聖人を思って詠まれた句で、「祖師」は親鸞のこと。冬季の積雪があるころを詠み、五尺は約一・五メートルで海沿いの直江津においては雪の多い年だったと想像される。碑は親鸞聖人立像の近くに位置するが、文字は白色で風雨にさらされた為かところどころ消えかかっている。いつ頃かはわからないが、現在地には別院敷地内の他所から移されたという。
※碑のサイズ　縦七五㎝、横一二一㎝、厚さ六五㎝、台座なし

●植木公句碑（五智公園）

五智祭　子どもの髪に　八重桜

緑豊かな五智公園の水芭蕉群生地を背景に立つ、第二代上越市長（昭和四九年〜平成五年在任）植木公の句碑。昭和五六年五月八日建立で、光沢のある黒御影石に刻まれた特徴ある文字は、本人書である。五期二〇年の市政運営の中で第二次総合計画を策定。高成長の時代の流れの中で、大規模な都市基盤整備を行い、上越地方の中心都市としてのまちづくりを推進した。五智公園は八重桜が有名で、高田公園とともに桜の名所になっている。碑の裏側には、「贈　記念樹　上越市飲食店組合」とあり、句碑の周辺に植えられた桜の木と共に寄贈された。休日は、アスレチック遊具で遊ぶ親と連れの笑い声に包まれている。
※碑のサイズ　縦一四五㎝、横一五四㎝、厚さ四四㎝、台座は二石
文字部分　縦一〇〇㎝、横六〇㎝

●石田峰雪句碑（五智公園）

雁ゆけ里　大黒雲に　さからひて

五智公園内の舗装された坂道を上がって行くと右手にあらわれる碑。句の作者である石田峰雪は、直江津出身のホトトギス派俳人。元教員で五智吟社を主催した。この句は、昭和二五年七月二五日に刊行された句集『雁』に収められている。碑の裏側には、「石田信一郎峰雪　大正三年三月十六日市内善光寺浜に生　昭和四十三年九月　知友門下建立」とある。巨大な自然石の台座の上に立つ碑は、大きさ文字ともに堂々としている。石自体も手入れされているのか、苔も生えずきれいな状態を保っている。

※碑のサイズ　　縦一三三cm、横一七八cm、厚さ六五cm、台座は自然石

●高浜虚子句碑（光源寺）

野菊にも　　配流のあと、　　偲ばる、

光源寺入口の右手一角に、石碑が集まっている。明治から昭和にかけて活躍した俳人・小説家、高浜虚子（本名　高濱清）は、正岡子規の弟子でホトトギス派。昭和二一年九月、ホトトギス六百

号記念俳句大会が光源寺で開催され、虚子、立子（俳人・虚子の二女）、素十の他、多数の人が参集した。この句はその時に詠まれた。碑は昭和三一年六月二八日建立。この年は親鸞聖人配流七百年の年で、それを記念して立てられ除幕式には立子が参加した。句は昭和三七年九月一日刊行の句集『野菊』に収められている。碑の裏側には、「昭和二十一年九月二十六日　光源寺にて詠まる　昭和三十一年六月二十八日之健　親鸞聖人配流國府遺跡顕彰会　眞野叱石」とある。

※碑のサイズ　　縦二六五cm、横一一九cm、厚さ二〇cm、台座は自然石

●高浜年尾・稲畑汀子句碑（光源寺）

櫓田の　実入り吹かれて　ゐることも　　年尾

梅雨晴れて　そこに心の　ある如く　　汀子

高さのある虚子の句碑のほど近く、一石に父と娘の句が並んで刻まれている珍しい碑である。高浜年尾は虚子の長男で、稲畑汀子は年尾と喜美の二女。季語の「櫓田（ひつじだ）」は、刈り取った後に稲の生え出た田んぼのこと。平成四年一二月一三日、五智吟社創立七十周年を記念して立てられた。

※碑のサイズ　　縦一一五cm、横八一cm、厚さ二四cm、台座は自然石

●松尾芭蕉句碑（五智国分寺）

薬欄に　いづれの花を　草枕　　芭蕉翁

国分寺境内を入ると左手に「芭蕉句碑」という案内板が目に入る。碑はその陰に隠れるように林の中に佇んでいる。松尾芭蕉は江戸時代前期の俳人で、一生の大半を旅で過ごし、紀行文『おくの細道』で知られる。旅の途中、元禄二年七月六日、直江津今町に立ち寄って二泊した後、八日から一〇日は高田に滞在。この句は、大工町（現　仲町四丁目）の御用医・細川春庵宅の薬草園の花に寄せて詠んだ一句といわれる。芭蕉は七月一一日に国分寺と居多神社に参拝し、旅の安全を祈願して越中に旅立った。碑は、明和七年五月一二日建立。裏側には建立に関係した、当時の高田俳壇の人々一六名の名が刻まれている。「薬欄の〜」の句碑は、新潟県内に三基立てられていて、国分寺の他、金谷山対米館前と北城神明宮にある。

※碑のサイズ　　縦一二五cm、横一五五cm、厚さ五〇cm

●石田指川句碑（五智国分寺）

笹の葉に　霰こぼれて　鳴く雀

木もれ日が降りそそぐ境内の一角に石田指川の句碑が立つ。指川は本名を石田忠右衛門といい、東頸城郡浦川原村柿野の人。元代議士、石田善佐の曾祖父にあたる。旧浦川原村に指川の筆塚がある。碑の裏側には、「大正三年十一月五日　直江津　片田三□謹収～」に続く説明文あり。自然石の台座は、苔の緑が美しく、長い時の経過を物語っている。

※碑のサイズ　　縦一九〇cm、横九三cm、厚さ一八cm、台座は自然石

●松尾芭蕉句碑（五智国分寺）

古池や　蛙飛こ舞　水のおと　　　はせを

千を超える俳句を詠んだといわれる芭蕉の句の中でも最も知られている一句であろう。芭蕉関連の碑や塚は、新潟県だけで一二三か所、うち佐渡には一一基、沖縄を除く全国に多数立てられている。その中でも「古池や～」の碑は最多を誇るのではないかと思われ、県内には一二基を数える。国分寺内のこの句碑は、昭和六三年の火事で本堂が焼け落ち現在の位置に移動した。碑の右端に小さく「元禄三庚午三月三日」と記され、その左下に芭蕉を表す「はせを」のサインが見られる。筆で書かれた旧仮名文字は、当時の趣きが感じられる。

※碑のサイズ　　縦一四六cm、横一〇〇cm、厚さ三七cm、台座は自然石

●**大谷句仏句碑**（五智国分寺）

御配所に　我なく夜半を　郭公

大谷句仏は、明治から大正、昭和時代にかけての浄土真宗の僧（東本願寺二三世法王）・俳人・伯爵。法名は釈彰如、句仏は俳号で「句を以って仏徳を讃漢す」の意味を持つ。句仏上人ともいわれる。幼年から諸派の書道を学び日本画も描き著書も多い。俳句は、河東碧梧桐に師事した。句中最初の「御配所」は親鸞の流罪の地を表し「郭公」は、ほととぎすと読む。碑の右端下に「句佛」の文字、裏側に「明治四十年建立」と記されている。

※碑のサイズ　　縦一九三㎝、横一六二㎝、厚さ四〇㎝、台座は自然石

●**明治天皇歌碑**（五智国分寺）

よとともにかたり　つたえよ國のため　いのちをすてし　ひとの勲功越

明治天皇が日露戦争を紀年し詠んだ歌。「勲功（いさを）」は、国家や君主に尽くした功績のこと。碑の裏に「明治三十七八年役紀念　平和克復日建設寄付」とある。明治天皇は文学者ではないが、『全国文学碑総覧』によると、全国各地に約九〇の歌碑が立てられている。天皇の御製として

詠まれた歌は、当時の日本国の時代背景を色濃く表しているものが多い。「よとともに〜」の歌碑は、愛知県豊田市猿投にも立てられている。新潟県内には、国分寺の他に、妙高市の八幡神社に「我国は　神の末まり神まつる　昔の手ぶ里忘るなよゆめ」の歌碑がある。

※碑のサイズ　縦一七五cm、横八五cm、厚さ一九cm、台座は自然石

●千代垣素直歌碑（五智国分寺）

人よりも　まず驚きて日盛りの　あつさは弱る　秋の初風

仁王像が立ち並ぶ山門を通り抜けた左手、石碑が集まるところに位置する歌碑。千代垣素直は狂歌師で、本名は竹田嘉市郎。直江津で塩問屋を営んでいたらしい。江戸の狂歌師・鶯垣真葛を師匠として学び将来を期待されていたが、二十代の若さで没する。素直を追悼した狂歌集『千代垣素直追福秋露集』がある。狂歌は滑稽や社会風刺をこめた短歌で、江戸時代中期に流行し、当時の上越地方でも盛んだったようである。この歌碑は石碑が三基並んだ左側に立っていて、右側は素直を追悼した碑だが、中央に座すのは明治時代の思想家・佐田介石の碑である。三つの碑が立つ右手には木の根元に倒され放置された碑があり、表側には「人よりも〜」の歌（筆跡は鶯垣真葛）がしっかり刻まれているが、裏側は見ることができない。この倒れた石碑が、元はどの位置に立っていのかは

定かではない。
※碑のサイズ　縦一三〇cm、横六五cm、厚さ四五cm、台座は自然石

●花大句碑（居多神社）

荒婦流しは　脱ぎて待なり　初日の出

居多神社境内の通り道脇、丁度木陰になった場所に静かに佇む碑。経年劣化の為か文字が風化して読みづらく、石碑全体も草に覆われ埋もれているといった様相。かなりの大きさであるが、緑の多い境内の中で探し出すのが容易ではない。作者の花大については詳細不明だが、句の後に「花大翁」の文字が見える。碑の裏側には、「涼風園社中　花大翁　紀元二千五百四十一年」とある。
※碑のサイズ　縦八〇cm、横一一二cm、厚さ二三cm、台座なし

●親鸞聖人歌碑（居多神社）

するゑ遠く法を守らせ　居多の神　弥陀と衆生の　あらん限里は

浄土真宗の宗祖ある親鸞聖人は、承元元年に念仏停止の弾圧を受け越後国府へ流罪となり、その後七年間を越後で過ごした。上陸の地である居多が浜周辺には、関連の史跡が数多く残されている。居多が浜砂丘には、大正一四年建立の「親鸞上陸の碑」がある。著書『教行信書』には「海」という言葉が多く、直江津の海を眺めながら暮らした日々が投影されていると言われている。碑は昭和四八年建立。流罪となった親鸞が居多神社に参拝し、この歌を詠み神前に供え、早く放免になるように祈願すると一夜にして境内の芦が片葉になったという。親鸞聖人越後七不思議の一つ「片葉の芦」の由来である。

※碑のサイズ　縦一二〇cm、横一三五cm、厚さ三七cm、台座なし
　句の部分　縦六七cm、横三八cm

●佐藤伸葉句碑（居多神社）

低く飛ぶ　蝙蝠多し　立話

平成二〇年に完成した新社殿の右手、日当たりの良い場所に立つ碑。作者は、氏子総代の一人で、本名は佐藤市郎、ホトトギス同人。昭和六年直江津農商学校卒業後、国鉄に勤務。昭和一一年に高田歩兵三十連隊に入隊し満洲へ。昭和一五年から再び国鉄に勤務し、長野や松本、直江津などに赴

任し定年退職した。数多くの句を詠み、退職記念に出版した『山茶花』には約五〇〇句が収録され、軍隊時代の句や国鉄時代の句、農業体験を詠んだ濃人俳句などが収められている。石田峰雪らと五智吟社で活動し、後に会長を務めた。この句は初期の作で、昭和九年一二月のホトトギス最初の入選句。「蝙蝠」とはコウモリのこと。句集『山茶花』に「蝙蝠」の小見出しで六九句が収められている内の一句で、仲葉の代表作である。碑の裏側には、「佐藤市郎　大正四年十一月二十日生　子供一同　五智吟社有志建立　昭和六十年十一月吉日」とある。

※碑のサイズ　縦一一六㎝、横一三五㎝、厚さ四四㎝、台座なし

●**松丘先生を偲ぶ歌碑**（直江津中等教育学校）

妙高のそびゆる限り名古の波乃
いそうつきわみ師をばわ寿礼じ

直江津高校後援会・同窓会が昭和一八年四月に建立した碑。碑の右端に歌の文字と同じくらい大きく「松丘先生の遺徳を志のびて」と刻まれている。松丘綱雄先生の生年と出身（明治二二年、埼玉県熊谷生まれ）以上のことを調べる手立てがなかったが、おそらく直江津高校で教鞭をとり多くの生徒に慕われた人物であったのではないかと想像する。歌の最後、「師をばわ寿礼じ」の「わ」も

漢字表記されているが文字の判読が出来ず、平仮名で記した。この歌の撰は白鳥省吾、書は大越正一。選者の白鳥省吾は、宮城県栗原郡築館町（現　栗原市）生まれの詩人・文人。大正から昭和にかけて活躍した白鳥の詩は、民衆の内面を描いたものが多く、民衆派詩人として知られる。音頭や小唄、歌謡などを多数作詞し、昭和六年に発表された『スキー小唄』の作詞もてがけている。校歌の作詞も多く、全国に建立された関連の文学碑が三〇基以上ある。

※碑のサイズ　縦一九二cm、横一九八cm、厚さ六cm、台座は自然石

●釋浄如歌碑（居多が浜）

もしわれ配所におもむかずは　何によりてか　辺鄙の群類を化せん　これ猶師教の恩致なり

日本海を背にして強い海風を全体に受けて立つ、真宗大谷派門主・釋浄如の歌碑。平成一一年四月建立のまだ新しい碑で、文字が明瞭で読みやすい。居多が浜は、承久元年に越後に配流となった親鸞が上陸した地である。歌の意は、「今日より流され辺鄙な土地へ行くという逆境を耐え忍ぶだけでなく、師の教えご縁と思い前向きに喜んで受けとめよう」という親鸞聖人の心の内を詠んだもの。碑の裏側には、「刻文は『御伝抄』より　東本願寺第二十五世　大谷暢顕浄如上人～」の記述が見られる。

※碑のサイズ　縦一七二cm、横一一五cm、厚さ五〇cm、台座は自然石

●三樂歌碑（居多ヶ浜記念堂）

波風よ心してふけ　居多可浜　聖はいまも　ここに満します

親鸞聖人と居多が浜を詠んだ歌。歌中の「聖」は親鸞のこと。昭和四七年七月、願主　林正寺住職・釋香雲により建立。石はくびきの（旧　新井市）産の千種石が使われている。歌・文字書ともに広瀬精一の作。三樂は、詠み人知らずとされているが、広瀬は自身を「三楽迂人」と称していた。広瀬精一は三重県出身で、大阪で商才を発揮し宝塚に在住、昭和五四年に没する。大正一四年に生まれた二男が病で翌年急逝したことをきっかけに、仏教へ傾倒する。昭和二年頃から昭和四〇年までに数多くの仏像、特に親鸞聖人像をアメリカ、インド、ブラジル、台湾、フランスなど世界中に寄贈した。その後も像の寄贈は継続され、居多ヶ浜記念堂の親鸞聖人座像・旅姿像は、三四六・三四七番目にあたる。居多が浜の三名の僧のレリーフは初期の寄贈作品である。

※碑のサイズ　縦一一〇cm、横一六二cm、厚さ四〇cm、台座なし

●親鸞聖人歌碑（居多ヶ浜記念堂）

末遠く法をまもらせ居多の神　弥陀と衆生のあらんかぎりは

居多ヶ浜記念堂の木造の堂は、昭和四二年建立。奈良の法隆寺夢殿を模した八角形の見真堂は、昭和四六年五月一日建立。明治天皇が親鸞に贈った号、「見真大師」に由来する。この歌は、京からこの地に流罪となった親鸞の心情を詠んだ一首。碑は四角柱で、黒色の文字はくっきりと読みやすい。歌以外の面には、「親鸞聖人御上陸地　見真堂　居多ヶ浜」、「昭和四七年十一月建碑　寄進　第十四世　真野叱石」と刻まれている。居多神社境内にも同じ歌の石碑がある。この碑の傍らには親鸞聖人の旅姿像があり、海側には千種石の親鸞聖人七不思議の一つ「片葉の芦」の碑が立っている。

※碑のサイズ　縦一九四cm、横三一cm、厚さ二九cm

●順徳帝歌碑（八幡宮）

順徳帝　　奈気波幾久幾計者美也許能己飛之幾耳
越府八　　古乃散登数幾餘也末保東々幾春
幡御製

「なけばきく　きけはみやこのこひしさに　このさとすきよ　やまほととぎす」鎌倉時代、討幕を目的に起こった承久の乱で敗れて佐渡ヶ島へ遠流となった順徳帝の歌碑。文字は全て漢字で記され、歌の上部には、「順徳帝　越後八幡　御製」とあるが、佐渡泉村（現　佐渡市真野）で詠まれた一首という説もある。碑は南を正面にして四面全てに文字が刻まれ、くびきの界隈では最も古い石碑といわれている。府中八幡宮は、貞観一二年に石清水八幡宮より分霊。上杉謙信の時代は厚く保護されていたが、天正六年の御館の乱で焼失し、寛永九年に高田城主・松平光長により再建されたという。参拝時に打ち鳴らす銅製の鰐口は、工芸品として県指定文化財となっている。
※碑のサイズ　縦一七八cm、横四七cm、厚さ三六cm、台座あり

●松尾芭蕉句碑（本敬寺）

さびしさや　花のあたりの　翌奈らふ　　はせを

本敬寺を入って右手すぐ、お地蔵様の並びに立つ小さな碑。この句は、元禄八年に編まれた『笈日記』に載っている一句。後の宝永六年発刊の『笈の小文』には、「日は花に　暮てさびしや　あすならふ」の句がある。あすならふ（翌檜）は、日本原産でヒノキ科の常緑針葉樹。ヒノキに比べて見劣りし、さびしげな感じ。葉の様相がヒノキに似ているので、「明日はヒノキになろう」の意から名付けられたという。句碑自体はかなり古いものと見受けられるが、他所から移動した際、倒れない為にか人工的な台の上に無理に設置されたのが残念である。

※碑のサイズ　縦六三cm、横三〇cm、厚さ二二cm

●**松尾芭蕉句碑**（琴平神社）

文月や　六日も常の　夜には似ず

海を臨む開放的な琴平神社内に松尾芭蕉の「文月や〜」の句碑が新旧二基立っている。この句は元禄二年七夕前夜、芭蕉が弟子の曾良を伴い直江津を訪れ、古川一左衛門宅に泊まった際に詠んだ句。古い碑の建立年は不詳。碑の右端下に「七月六日の作」、左端下には「はせを」も文字がある。

新しい碑は、平成二一年八月八日、三八朝市まちづくり協議会により建立された。光沢のある碑部分は美しく、原本を採択した流れるような筆跡で句が刻まれている。社殿と反対側の道路脇、竹垣を巡らせた囲いの中に「安寿と厨子王丸」の供養塔がある。その横に「鷗外森林太郎の碑」として、『山椒大夫』の一節を記した文学碑が立てられている。【別項「直江津と佐渡の『山椒大夫』」参照】

※碑のサイズ（旧）　縦一八三cm、横一二三cm、厚さ二八cm、台座は自然石

※碑のサイズ（新）　縦一七〇cm、横八七cm、厚さ三〇cm、台座は自然石

(1)—a）松尾芭蕉句碑・旧（琴平神社）

(1)―b）松尾芭蕉句碑・新（琴平神社）

●相馬御風歌碑（古城児童公園）

妙高南葉米山の　有姿千古に動きなく
　日本海は縹渺と　金波銀波のはて見えず
流るる水は洋々と　荒川の名もあたなれや

港町にある古城児童公園内の農商学校跡に造られた石碑。碑は妙高山の方角を向いて表と裏が交互に台座上に置かれている。歌碑としては珍しい設置形態といえる。碑文は相馬御風が作詞した校歌の一節。くびきのに関連するなじみ深い風景がふんだんに盛り込まれている。「縹渺」とは、広々としたの意。文字は高田周二の筆。裏側にあたる面には、「明治四十四年　中頸城郡立農商学校この地に創立　昭和四十二年十月　新潟県立直江津高等学校同窓会」と記されている。直江津農商学校は、明治四三年六月に設置が認可され、翌年四月一日直江津町古城に中頸城郡立直江津農商学校が開校した。大正一一年からは県立になり、昭和一九年には直江津農工学校に改称された。昭和二三年、戦後の学制改革により県立実業高等学校と改称の後、昭和二五年四月に県立直江津女子高等学校と統合し、男女共学の直江津高等学校となった。西本町の校地と校舎は、平成一九年度より中高一貫の直江津中等教育学校に引き継がれ、平成二四年三月三一日をもって県立直江津高等学校は閉校した。

※碑のサイズ　縦一三七cm、横八一cm、厚さ一五cm（最大）、五・五cm（最小）
　台座は白御影石

⑵ 相馬御風歌碑（古城児童公園）

●**林芙美子文学碑**（荒川橋脇）

私が青い時間表の地図からひらった土地は、
　日本海に面した直江津と云う小さな港町だった。
　　あの海と港の旅情。こんな処へ行ってみたいと思う。
　　　これだけでも、傷ついた私を慰めてくれるに違いない。

林芙美子『放浪記』の一節を記した文学碑。原本は東京都新宿歴史博物館所蔵で、題名と名前は芙美子の直筆。平成二三年三月に、三八朝市周辺まちづくり協議会により建立された。直江津に文学のまちという旗印を掲げ、これまでに船見公園内の与謝野晶子歌碑、夷稲荷神社脇に吉野秀雄文学碑、琴平神社境内に松尾芭蕉句碑を再建。この林芙美子の碑を含め四つの碑を建立。四基とも拓本を採ることができる。旧直江津銀行のライオン像のある家とともに、まちなか周遊のスポットとして活性化に注力している。『放浪記』は、昭和三年出版。著者である芙美子が直江津を訪れたのは出版より数年前のことで、今もある三野屋の継続団子を買って食べたというエピソードが残っている。直江津の海や駅、いかや旅館をモチーフにした文章があったりと、当時の直江津の様子がうかがえる作品である。

※碑のサイズ　縦一〇〇㎝、横一五〇㎝、厚さ二五．五㎝、台座は二石
　文字部分　　縦六六．五㎝、横一〇〇㎝

⑶ 林芙美子文学碑（荒川橋脇）

●「放浪記」記念碑

花のいのちはみじかくて　苦しきことのみ多かりき

ＪＲ直江津駅北口ロータリーから見える、旧いかや旅館（現　ホテルセンチュリーイカヤ）入口前に立つ碑。平成二三年一一月に、地元の人達から成る、森光子『放浪記』記念碑を建てる会により建立された。美しい赤御影石には、『放浪記』の中の有名な一文「花のいのちは～」が刻まれている。文字は、舞台「放浪記」で二千回を超える主演をつとめた女優・森光子の直筆で、文の後に「放浪記より　森光子」とある。石碑の上部両端には、笛を吹く女性の小さなブロンズ像二体が腰かけている。この日の除幕式から一年後、森光子は九二歳で亡くなったが、荒川橋脇の文学碑とともに『放浪記』に登場するまち、直江津を今後に伝える石碑である。

※碑のサイズ　　縦七三cm、横九一cm、厚さ四一cm、台座は二石

⑷「放浪記」記念碑（JR直江津駅北口）

●与謝野晶子歌碑（船見公園）

落日が枕にしたる横雲の　なまめかしけれ直江津の海

遮るもののない船見公園内に、潮風に吹かれて立つ歌碑。平成二二年三月、三八朝市まちづくり協議会により建立。大正一三年の八月、晶子と夫の鉄幹は佐渡への旅の途中に直江津で一泊した。その際、海岸で見た夕日の美しさに心を打たれ随筆にその時の感動を記している。裏日本と呼ばれた土地で見る海に沈む夕日は、晶子の心象風景に深く落とし込まれたのであろう。「なまめかしけれ」の表現は、女性として時代の先をいく生き方を貫いた晶子らしい。公園入口付近には、この歌碑と日本海を見下ろすように、小川未明作『赤い蝋燭と人魚』の像が立っている。

※碑のサイズ　縦一四五cm、横九〇cm、厚さ四八cm
　文字部分　縦五五cm、横三六cm、台座なし

⑸ 与謝野晶子歌碑（船見公園）

●吉野秀雄文学碑（夷稲荷神社）

冬のきわだつ波に　荒川の濁りは太くおし流れたり
浅黄暖簾のかげに爪弾く晝の三味　ここは直江の津なる濱通り

砂丘の上に築かれた住宅地の片隅に位置する夷稲荷神社奥、見はらしの良い場所にたつ碑。平成二三年一一月、三八朝市まちづくり協議会により建立。明治三五年生まれの歌人・吉野秀雄が直江津の情景を表した一文が刻まれている。原本は、神奈川近代文学館蔵で、「直江津」という題名がついている。「きわだつ波」や「濁りは太く」の辺りに強風の吹く荒々しい風景が浮かび上がってくる。昭和一六年一一月に所用で直江津を訪れ半日を過ごした時のことを詠んだ短歌五首は、歌集『早梅集』に収められている。良寛研究にも力を注いだ吉野は新潟に縁が深く、新潟市や柏崎市、出雲崎町にも歌碑がある。

※碑のサイズ　縦一一〇cm、横一六五cm、厚さ三五cm
文字部分　縦四五 .五cm、横六七cm、台座なし

(6) 吉野秀雄文学碑（夷稲荷神社）

あとがき

本書の企画について、筆者（瀧田）が古賀氏と最初の打ち合わせを行ったのは、二〇一一年三月二三日であった。（実は当初、三月一一日の夜に東京都心で行う予定であったが、地震のため開催を延期していた。）以後、水道橋や銀座の喫茶店で、首都圏在住の他の執筆者たちも交えて、会合を重ねてきた。

最初の段階では、その前年の九月に開講したばかりの頸城野郷土資料室併設学園「くびき野カレッジ天地びと」における講義録を中心とした直江津本、というイメージであった。そのイメージを結局、保ち続けることにはなったものの、企画・執筆・編集作業が進むにつれ、全国各地の人々や産物とのつながりを、至る所で実感する機会があり、直江津を見ているだけでは直江津を語りきれない、という思いを強くしていった。例えば、広島県尾道市とのつながりである。林芙美子、ベヒシュタインピアノの復活、そして八坂神社の鳥居にも「尾道」が関わっていることを、改めて強く認識することとなった。また、山椒大夫、ダン一家、松本恵子といったテーマに触れて、直江津に残されたものだけでなく、関連する各地の資料や伝承と照らし合わせる面白さにも気が付くことができた。とはいえ一方で、直江津の現在を感じておかなければ、やはり直江津を語ることはできない。本論の執筆者は全員、現在直江津に住んではいないものの、序論にあるように、執筆者はそれぞれ、本書の執筆にあたってたびたび直江津を訪れている。筆者について言えば、とりわけ二〇一三年は、二月の市之町での講演時に吹雪を体感したり、七月の八坂神社取材時には祇園祭に向けた練習の笛や太鼓の音を聴いたりして、久しぶりに「直江津」という町の感覚を味わう機会を得た。特に七月はその後、笛や太鼓の音に導かれるように二九日も直江津を訪れ、三〇年以上前の記憶と変わらぬ御饌米の熱気や迫力に接して、本企画に臨む気持ちを新たにすることができた。

本書の刊行に至るまでには、多くの方々のご協力を頂いた。まず、頸城野郷土資料室の会員ではないにもかかわらず、編者の依頼に快く応じてくださり、心のこもったコラムをお寄せくださった花柳紀寿郎氏、籠島幹氏、園家廣子氏には、厚く御礼申し上げたい。また、上越市立直江津図書館、上越市公文書センター、そして上越市文化振興課の方々には、資料調査の問い合わせや依頼にいつも丁寧に応じていただき、大変お世話になった。記して感謝したい。最後に、出版事情がますます厳しくなる中で、本書の出版をお引き受けくださった社会評論社の松田健二代表に深く感謝したい。

二〇一三年九月

瀧田　寧

プロフィール紹介

本書の編集に当たった協同研究チーム「直江津プロジェクト」（幹事：古賀治幸、副幹事：瀧田寧）は、NPO法人頸城野郷土資料室併設学園「くびき野カレッジ天地びと」で開講されたこれまでの講義のうち、直江津に関連するテーマを担当した同資料室の学術研究員が集まり、発足したものである。

本プロジェクトに参加しているメンバーを、以下に紹介する。

（五十音順）

桑野なみ：新潟県上越市生まれ。NPO法人頸城野郷土資料室理事。

古賀治幸：福岡県北九州市生まれ。立正大学講師。
5歳から16歳までを直江津で過ごす。

杉山精一：静岡県生まれ。穎明館中学高等学校教員。

瀧田　寧《やすし》：上越市（直江津）生まれ。日本大学講師。
3歳までを港町で、8歳から14歳までを西本町で過ごす。

長谷川和子：上越市（中頸城郡保倉村）生まれ。高校卒業後、上京。
元フェリス女学院大学講師。

米田《まいた》祐介：青森県生まれ。関東学院大学・東京電機大学講師。

また本書では、頸城野郷土資料室会員以外の方々にもコラムの執筆を依頼した。その方々を、以下に紹介する。（五十音順）

籠島　幹《もとき》：なおえつWHITE CATS店主

園家《そのけ》　廣子：エドウィン・ダン記念館説明員

花柳　紀寿郎《のりじゅろう》：なおえつ茶屋店主

日本海沿いの町　直江津往還
——文学と近代からみた頸城野——

2013年11月25日　初版第1刷発行

監　修：ＮＰＯ法人頸城野郷土資料室
編　集：直江津プロジェクト
装　幀：中野多恵子
発行人：松田健二
発行所：株式会社 社会評論社
東京都文京区本郷2-3-10　☎ 03(3814)3861　FAX 03(3818)2808
http://www.shahyo.com/
印刷・製本：ミツワ

NPO法人頸城野郷土資料室　設立趣旨書

2005年1月、14の市町村（上越市、安塚町、浦川原村、大島村、牧村、柿崎町、大潟町、頸城村、吉川町、中郷村、板倉町、清里村、三和村、名立町）が合併してから3年近く経過した。このような大合併の場合、政治的・経済的には利点が見られても、文化的には合理化のあおりをうけて地域切捨てが深刻化する場合があり得るのである。

これまで幾世紀にわたって、字《あざ》単位で形成されてきた頸城各地の郷土文化を、文字通りの意味での上越後地方における郷土文化へと連合する運動、すなわち「頸城野文化運動（Kubikino Culture Movement KCM）」を開始することが肝要と思われる。この運動は個性あふれる地域文化の連合・再編成を目指すのであって、中央的な文化への統合ではあり得ないし、いわんや単一文化への融合（地域文化の切捨て）ではあり得ない。具体的な活動としては、民俗文化や歴史的建造物を文化財として保護し、それらの基礎資料・研究資料を収集・整理し、後世に引き継いでいくことに努めたい。

そこで私たちは、「特定非営利活動法人頸城野郷土資料室」を設立し、広く市民に対して、後継者を失いつつある民俗文化や遺失・損壊の著しい郷土の文化財を保護するために資料室を設置し、教育イベント、調査研究及び広報事業等を行い、郷土文化の保存と再編成に寄与していく所存である。

こうした活動を実施する上で、法人化は急務の問題だが、この会は営利を目的としていないので、いわゆる会社法人は似つかわしくない。また、市民や行政との協働を進めるため、ガバナンスの強化や市民への説明責任を重視し、開かれた団体として情報公開を徹底する方針であり、そのような公益的な観点からも、数ある法人格の中でも最も相応しいのは、特定非営利活動法人であると考える。